VISION FOR THE AIR ERA

風の時代の未来予測

✦

yuji 著

講談社

〝これから〟に光を見出すために

2020年に起きたコロナショック。そして、アフターコロナともニューノーマルとも言われるライフスタイル。それら〝時代を大きく変えていく波〟がいっぺんにやってきたのが2020年という年でした。

車も耐荷重を超えると走れなくなり、パソコンもCPUに負荷がかかるとその動作が遅くなったりもするように、私たち人間も一度にあまりにもたくさんのことがやってくると情報や感情のオーバーロードをきたしたりするもの。実際この1年半の間は、SNSや私の周囲でもそういったコメントや意見を多く目にしたり聞いたりしました。人は極度に追い詰められたり、因果関係がよくわからないことに直面すると、ただ不安とかただ怖いといった、どこか漠然とした心配を心に抱くものなのかもしれません。

コロナパンデミックが始まってから1年半が経ち、〝未曾有の事態〟感がまだまだ払拭されず、依然としてもやもやしたものが世間にたちこめる昨今ではありますが、私の専門でもある〝星の見地〟からすると実は未来はｎｏ-ｈｏｐｅでもなんでもなく、むしろ明るいようにすら思えるのです。そのため、この本はそういった〝未来の展望〟をたくさん詰め込み、星が伝える未来の様子や〝これからの地球がどれほど面白い世界になるのか〟といったところを伝えることに熱を入れました。

この本のテーマは星の世界の叡智を通してこれからの未来を読み解くものではありますが、世間に立ち込めるネガティブなもやを払拭する一助としていただくために、できる限り明るく、さらには未来に希望の光を感じられるように編纂してあります。

前著『「風の時代」に自分を最適化する方法　２２０年ぶりに変わる世界の星を読む』では、占星術で言うところの「土の時代」から「風の時代」へという時代の軸の切り替わりのメカニズムをご紹介し、そのビフォー／アフターで世界はどのように変わっていくのかを説明しました。また、今までの世界軸とこれからの世界軸を比較することで改めてその〝差〟を明らかにしたり、新時代を生きるうえで手放すべきものや取り入れていくべきマインドをお伝えしたりもしました。

このように読者の皆さんを風の時代にうまくソフトランディングできるようにご案内するというのが前著の特徴だったのですが、これから皆さんがお読みになるこの本はその続編にして、ある意味全く別の毛色を持つ本となっています。

続編というのは、前著と同じく風の時代をテーマにしているから、そして、風の時代に入る前には見えなかったことが２０２０年12月22日の風の門を越えたことで見えるように・感じられるようになってきたので、それを改めてまとめ、より〝時代に沿った〟風の時代の生存戦略本として仕上げているから。

また、もう一つ、別の毛色というのは、これから２００年先の水の時代に向けて我々は歩を進めていくわけですが、その水の時代に至るまでの大胆な時代予測を試みた！　というところ。それは前著にはなかった部分で、この本における二つ目のメインと言えるものです。

このところアフターコロナ、ニューノーマル、２０××年の未来を予想する書籍は書店の店頭に溢れていますが、それら、経済・テクノロジー・政治等の各業界のオピニオンリーダーや諸先輩方の描く未来予想本とも異なり、かつ読み応えもあるところがこの二つ目のメインにあたる２００年先の未来予測ではないかと思っています。

さて、冒頭でお伝えした通り、刹那的に生きている人は別にして、先のことが見えないと、ある程度未来に展望が持てないと、人はどうしても不安になったり恐れを抱くものです。その不安も恐怖も、もしこれから起きることが〝最悪の未来〟でもないとわかれば、幾分かは和らいだり、また、逆に、未来のシナリオに向けて先に準備をしたりすることで気持ちを落ち着かせたり、なんなら事業計画等も立てやすくなったりもするのではないかと思うのです。

土の時代が始まった二百数十年前、日本は江戸時代で、世界はまだ王侯貴族・諸侯が力を持ち、それぞれの国が覇権争いをしたり、領土を奪い合ったりしていました。そこから幾度かの戦争を超え、ときには競争をしながらも、国々が貿易や文化交流等をしながら手を取り合ったりして共創の道を歩んだ結果、世界は物質・文明的に大きな飛躍を遂げていったのです。

そして、今回はこのコロナショックを起点として、人類は〝土の時代の課題〟を卒業し、風という精神・知性・情報・内なる世界の探究をしていく時代に突入しました。

ここから200年後にやってくる次時代である「心・融合・浄化」をテーマとする水の時代に向けて、人類は一体どんな進化を遂げていくのでしょうか。

ちなみに星の世界のセオリーでは、この風の時代の最初の20~40年は時代の大きな分岐点となるタイミングにあたります。

とりわけ風の時代の最初の大きな〝浄化点〟とも言えることが起きるのが２０４４年。そして、テクノロジーの世界でもＡＩが人間の知能を超えると言われている技術的特異点＝シンギュラリティを迎えるのが２０４５年なので、この二つの世界が導き出す特異点がほとんど合致していることがまた、何か、ブレイクスルー的なことが起こるのではと思わせるに十分な材料ではないでしょうか。


一星読みとしては、ちょうどこの頃から人類は土の様式から大きく脱し、いよいよ本格的に〝風の時代のダイナミックな生き方〟へと進化していくのだろうなと思っています。

ただ、このシンギュラリティの頃までを我々がどう過ごすかによって、これからの地球のシナリオは分岐していく可能性が高いと感じましたので、チャプター５でお読みいただける未来予測ではあえて一つのストーリーには絞らず、人類がこれから〝何を求めるのか〟をベースに未来に起こり得るであろうシーンをいくつか描いてみています。

どのシナリオも時代が進むにつれてＳＦ味を感じたり過剰に盛られた印象を受けたりするかもしれませんが、あえて各シナリオの主要テーマの要素を強めた未来予想図となっておりますことをご了承の上お読みくださいますと幸甚です。

最後に、この本は風の時代について書いた本でもありますが、ある意味、〝土の時代に染み付いてしまった呪縛〟を解除していく希望の本でもあると思っています。

そのため巻末には「キロン」という、ここ数年占星術の業界で取り上げられることが増えた〝魂の傷〟なる座標についても触れています。

占星術に詳しい方だけでなく、星の世界の初心者や本書で初めて星に触れるという方にも、ハードルを感じさせないように解説していますので、ぜひご自分の該当するページを読み進めていただければと思います。また、その際、〝自分の古傷〟に触れられたような感じになるかもしれませんが、それらを〝克（こく）する〟ことが実はこの新時代に早く適応していくための、土の時代の枷（かせ）を解除していくための鍵となるものなので、是非、目をそらさずにお読みいただければと思います。

過去の時代の〝呪縛〟を解き、新しい時代仕様の自分になっていく。

本書を通し、そのお手伝いができれば幸いです。

FIRE
EARTH
AIR
WATER

西洋占星術の4つエレメントとその時代

本書で語られる「風の時代」「土の時代」といった概念は、西洋占星術における4つのエレメントの考え方に基づいています。12星座はそれぞれ、火・土・風・水の四つのエレメントのいずれかに属していますが、土の星座でグレートコンジャンクション（約20年に1度、木星と土星が重なる特別な天体配置）が起こり続ける期間は「土の時代」、風の星座で起こり続ける期間は「風の時代」等と呼ばれます。一つの時代は約200〜240年間続きます。

SIGN

牡羊座

獅子座

射手座

ELEMENT

FIRE

直近の火の時代　1583年〜1802年

火の時代のキーワードは武力・創造・規律。純粋な肉体の力や武芸、または戦略や哲学（美学）といったものが力を持つ時です。実際に、日本では直近の火の時代は武家（徳川将軍）が力を持ち、律（武家諸法度）や参勤交代制度が大名たちの反乱を抑え、平和な世が保たれた江戸時代でした。また、優れた芸術家が生まれたり、武芸・芸能にも新しいスタイル・流派ができていったりなど、綺羅星の如く輝くスターたちが世を彩る時代だと言えます。

SIGN

牡牛座

乙女座

山羊座

ELEMENT

EARTH

直近の土の時代　1802年～2020年

土の時代のキーワードは所有・蓄積・仕組み。この時代の勝ち組は富裕層であり、継続して何かを積み上げていくこと、仕組みを作って効率を上げ便利にすること、付加価値の高いものを売っていくことが土の時代に尊ばれるエッセンス。また、新工法・新素材が開発され、人類が〝今までは住めなかったところに住む〟とか、鉄道や空港、自動車等の乗り物・交通網・物流が整備され、生活の基盤が大きく変わるのがこの土の時代の特徴でもあります。

SIGN

双子座

天秤座

水瓶座

ELEMENT

AIR

現在は風の時代　　2020年〜2219年

風の時代のキーワードは交流・精神・知性。人々は縦ではなく横で繋がり、移動したり連結したりして勢力圏を拡大。突風を吹かせて土の時代にできた壁を壊したり、固定化されているものを動かしたり、ボーダーを越えていくことも頻発。精神性を高めることに重きが置かれるので、自然と禅や哲学、アニミズム的な思想等が生活の中に浸透します。また、優れた文学や音楽が生まれたりして人々は〝風（かぜ）流〟の生活様式を営み、外ではなく内側を豊かにしていきます。

SIGN

蟹座

蠍座

魚座

ELEMENT

WATER

直近の水の時代	1346年〜1583年
次の水の時代	2219年〜2457年

水の時代のキーワードは心・融合・浄化。人を人たらしめている心や感情、魂といったものが大きくクローズアップされていくこととなります。また、この水の時代は4つのエレメントの中で順番が最後（＊最初の時代は火の時代）となるため、それまでの3つのエレメントが作ってきたものをまとめたり、浄化したり、必要とあらばリセットしたりすることも。また、愛、魂、心といったものを学ぶ、最もヒューマニティに富む時代でもあります。

時代を司る星の動き

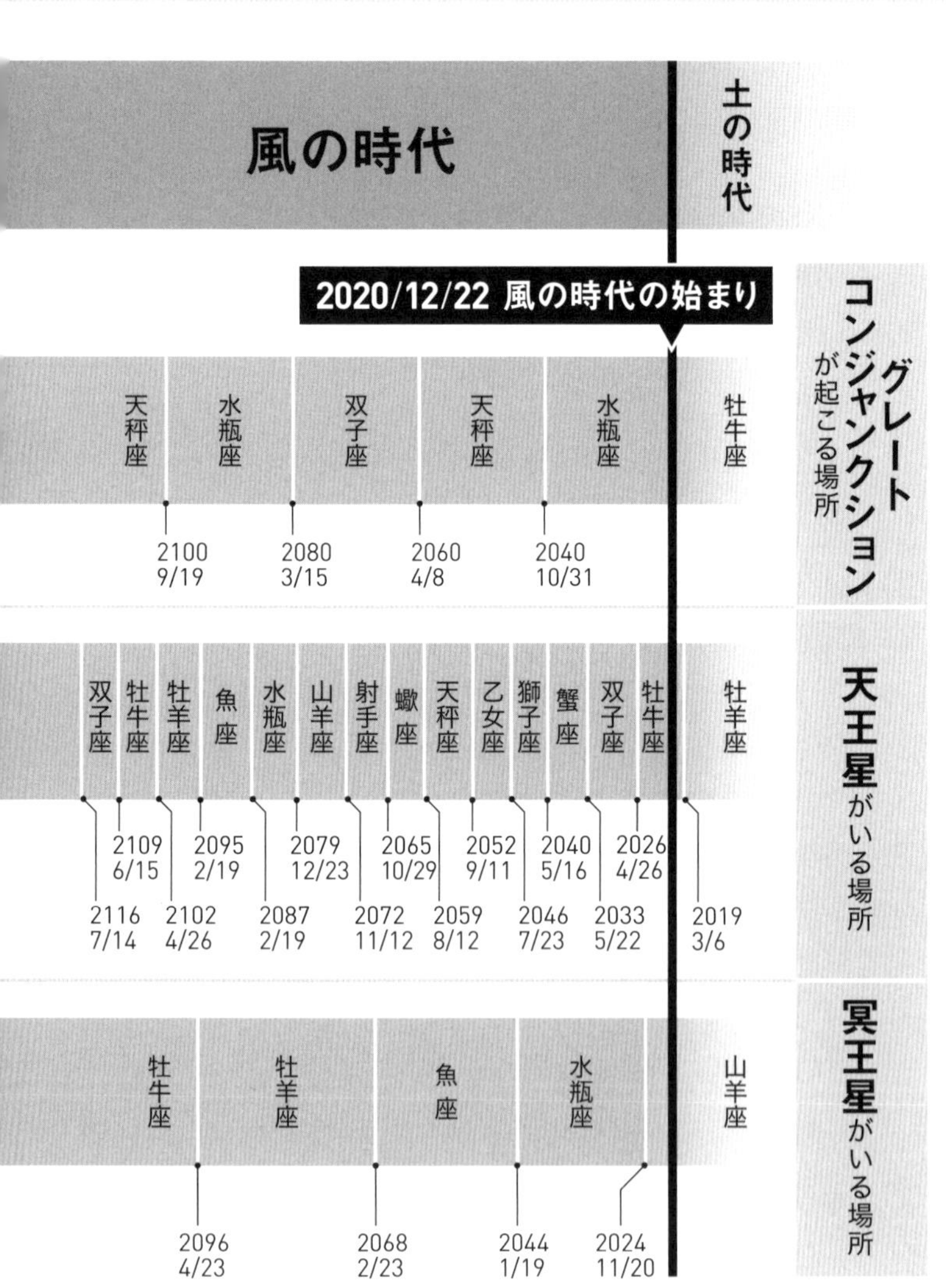

＊グレートコンジャンクション＝木星と土星が重なる天体配置

2020～2219年まで、〝グレートコンジャンクション〟は風のエレメントに属する星座で起こり続けます（2159年を除く）。従ってこの時代には風の特性が強化されることとなります。また、天王星と冥王星も時代に大きな変革をもたらす天体であり、本書ではその動きに特に注目しています。

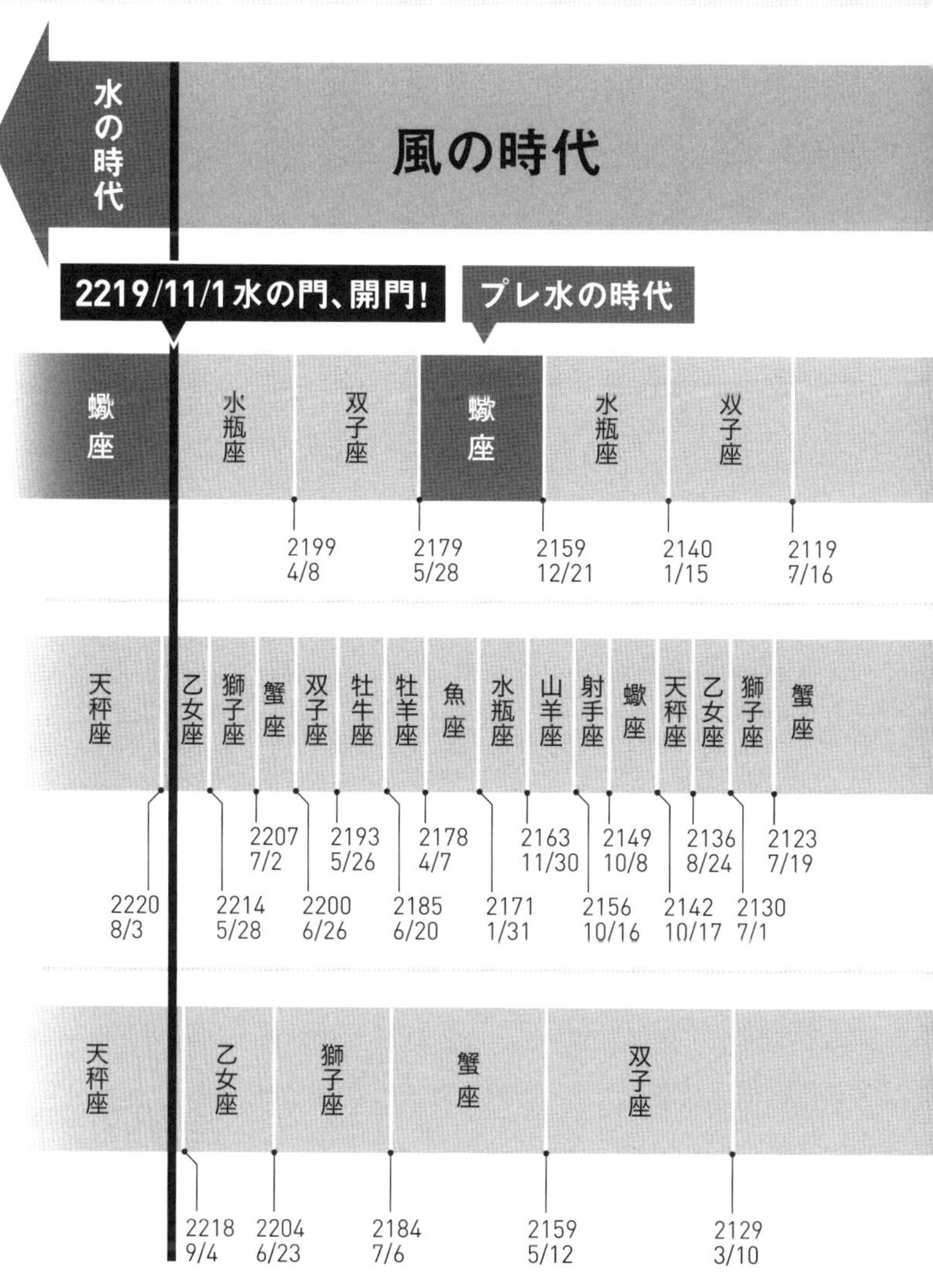

CONTENTS
目次

CHAPTER 02

風の時代の最強武器「バイブス」とは何か

CONTENTS
目次

CHAPTER 03

バイブスが共鳴する場所へ

CHAPTER 04

冥王星が導くこの先の20年［2024-2044］

CONTENTS
目次

CHAPTER 05

200年後、水の時代へ「風と宇宙の未来予測」

CHAPTER 06

12星座別「キロン星読み」で自分の傷と〝超才能〟を知る

CONTENTS
目次

CHAPTER 01

私たちが今いるところ

―― 風の時代の最初の6年

革命的な事件や圧倒的な進化を起こすと言われる天体「天王星」は2019年から7年間、牡牛座の部屋に座します。2020年末からスタートした風の時代の最初の6年間は、この牡牛座にいる天王星の影響を強く受けることになります。現在、世界はまだまだ土の時代の呪縛を残していますが、天王星が私たちにもたらすものを知っておくことは、土から風へスムーズに移行するための大きなヒントになるはずです。

風っぽいかどうかより、自分らしいかどうか

星と世界。

これらは常にシンクロしているものなので、大きな星が動く時や、時代背景を決めるような星々の配置が変わる時は時代の節目とされ、実際に大きな転換のトリガーが引かれるようなことが起きたりもするものです。

2020～2021年は大きな時代の境目。

そのため、同時期には〝転換のトリガー〟が何度も起こり、その頻度もさることながら、その内容には驚かされるものも非常に多かったように思います。

例えばわかりやすいところで言うと、パンデミックはもちろん、大きな混乱が巻き起こったアメリカの大統領選、日本では前総理の体調不良による退任、オリンピック関係の相次ぐ不祥事、また、世界に名だたる大企業のいくつかが本社ビルを売却し、資産整理を進めたり、日本を代表する製造業の雄が2兆円超で売却されるかも！　なんていう報道もあったりもしました。

世界が変わる本番は、まだこれから

2020年12月に風の時代に突入してから半年強が経ちましたが、この短い間だけでも、このようにそれなりの速度を持って変わっていく社会や世界を、私たちは目の当たりにしています。**この時代の変わり目というのは、〝帯刀して髷を結っていたお侍さんが武器を短銃に持ち替えて洋服を着て靴を履く〟というレベルの変化が起きる**のだから、それもまた当然。

しかも、忘れてはならないのは、新型コロナウイルスがこの世界に現れパンデミックを巻き起こしたのは風の時代になる半年ほど前、実はまだ移行期間の話だったということです。

あの頃に起きた一連の出来事はいわば、風の時代の到来を告げる鐘のようなもので、実際、その鐘「コロナショック」はまだまだ鳴り続けていますが、星のスコープを使って世界を見たならば、世界がまるっと変化していく、その本番とも言えるステージがやってくるのはこれからではと思うのです。

星のセオリー通りに言うならば、**風の時代の本番は、天王星が双子座入りしてもっとこの世界に〝風〟要素が増していくこととなる２０２６年頃から**となります（諸説あり）。

確かにその頃には〝風〟的な要素が多くこの世界に投入されていくはずですが、ただ、〝古きものを取り除かないと新しいものは作れない〟のがこの世の常。それまでの間には風の時代的なスピード感とやり方でスクラップ＆ビルドが進み、これまでの時代のエッセンスが解体、禊（みそ）がれていくこととなるはずです。

「風っぽいかどうか」という思考法がはらむリスク

また、この時代の変化を世界の人々が感じているからなのか、文化人・論者・アーティスト等々が各メディアで持論を展開。結果、アフターコロナ、ニューノーマル、ポスト資本主義等々、新しい時代論やそれを表す言葉が多く生まれてきています。

そうやって、新時代のアウトラインが徐々に醸成されてきているのを肌で感じる昨今ですが、ただ、その論調自体に疲れたり、食傷気味になっていたりという話を耳にすることがあるのもまた事実。

一星読みとして、風の時代はそれぞれが個性を発揮して生きやすくなっていく時代であると思っています。そのため、まずは自分の主義主張をはっきりさせる、自分とは何かを深掘りして見つけていくことが大事であるというのは常日頃説いている通りなのですが、その〝自分と向き合う〟という行為は実は風らしい行為でもあるので、どうしても今まで通りのルーティーン、マインドセットを持つ人たちには歓迎されづらいものなのかもしれないとも思うのです。

また前著やこの本を書いている立場でこんなことを言うのも自己矛盾感があり、変かもしれませんが、**ある物事が〝風っぽいかどうか（風の時代様式であるかどうか）〟という思考法はひとつの雛形に人々をはめることに繋がるリスクがある**ので、それこそが〝土の時代の呪縛〟の表れの一種であるとすら言えるかもしれません。

そのため、この本では〝〇〇でなければならない〟といった枠を提示することは極力控え、風の時代の、特に初期には非常に重要なテーマでもある〝多様性〟を意識した表現を多く用いています。

「土の時代的なものを淘汰して、風の時代方式に完全移行！」とか、「急いで風の時代仕様にならないといけない！」ということではないので、どうぞご安心ください。

それぞれが各自のペースでもうこれからは不要だなと思うものをゆるゆると手放してい

き、土の時代のマインドセットでもあった積み上げ式至上主義のＯＳをうまくアンインストールしていくことができれば、おのずと、それぞれにベストな形で新しい時代にソフトランディングしていけるはずです。

多様性が担保される20年

あと１００年もすればもうほとんどの人たちが〝風流(かぜ)〟というか、自分らしくオリジナルなやり方、〝風モード〟でこの世を楽しんでいると思いますが、ただ、その導入期間である風の時代の草創期（２０２１～２０４４年）は〝一極集中を壊し、色々な極をこの世に作っていく作用を持つ水瓶座性が幅を利かせる時代〟なので、最低でもあと20年は多様性が担保される世となります。

となると、そこには土的なものが生きる場所もあるし、水や火といった要素が強い人たちが生きていく場所も当然存在するので、マイペースで過ごしていくとよく、そして**そういった多様な生き方を天も許容している**のだと星の羅針盤を見るたびに感じています。

風の時代＝頑張らなくてもいい時代？

最近、「風の時代とは頑張らなくてもいい時代」という一説をどこかで見かけたことがありました。何をもって頑張ると定義するのかにもよりますが、風の時代とは決して何もしなくてもいい時代ではなく、ただノホホンと時を過ごし、暇を持て余して、「さぁ、これからどうしよう⁉」という時代でもありません。

ちなみに、あれは風の時代になってすぐぐらいの頃でしょうか、あるメディアで「風の時代の三種の神器」というタイトルの記事を書かせていただいたことがあります。

記事自体の詳細な解説はここでは省きますが、その記事の中で、風の時代の三種の神器とはパトス・エトス・ロゴスであるとお伝えさせていただきました。

これは古代ギリシャの哲学者、アリストテレスの『弁論術』の中に出てくる「説得の三原則」というもので、それぞれ情熱・倫理観・論理（思想体系）を表しています。例えばパトス（情熱・パッション）というのは人が人を共振・共鳴の渦に引き寄せるために必要なものであり、熱量が大きければ大きいほど人の心を打つもので、また、その心に火をつける火打ち石的なものでもあります。

風の時代に吹く風は、このパトスがもたらす火を炎に変える作用を持つということから、パトスを持つことは風の時代の生存戦略として非常に重要な意味があると理解することができます。そのため、**何かに熱中している人、没頭できる何かを持つ人、世界観を熱く語れる人というのはすでに風の時代を気持ちよく生きる・成功するためのアドバンテージを持っている**と言えるはずです。

また、一般的に風の時代は、個が輝く時代と言われています。

人はこの世に生まれた瞬間から特別な才能・個体特性を天から授けられていますが、それは言うなれば〝融資〟のようなもの。融資として授かった才能・天才性は、ある意味〝役割〟と言ってもいいかもしれません。世界に何かを伝えていく、世界を変えていく、周りを助けていく、豊かさを生み出す、感動をもたらす……といった任をそれぞれが託されているので、それらを鍛え、精錬し、外に打ち出していくことで初めて天の原資を流通・循環させていくことができます。

そういった〝天からの授かりもの〟を発現させた時、初めて人は〝無心〟になり、小我から大我での生き方へとステージアップしていくことができるのです。

よく「好きこそ物の上手なれ」と言いますが、「好きこそ物の上手」を極めていくと、風の時代における〝オンリーワンのポジション〟はそこまで時間もかからずに手に入れられるのではないかと思っています。

そういう意味では、「頑張る」という言葉が何かをずっとやり続けるとか、こだわりを生かすというふうなニュアンスだとするならば、むしろ「頑張ることは善」であり、**好きなことを、なんなら愚直に頑張ることは、この時代にこそ超絶に推奨されるアクション**だと言えたりもするはずです。

風の時代にＮＧな「頑張る」とは？

〝風の時代＝頑張らなくてもいい〟というのは、「ただ稼ぐために、自分を枠に入れて、やりたくもないことをひたすらやる！　ということからは卒業してもいい」というものです。

決して熱中する対象から目を背けて、ひたすらぐうたらしなさい、ということではなく、楽を推奨しているわけでもありません。

緊急事態宣言が出て、人と会う機会、外出の機会が減っているなら、経済的に、社会的にピンチな状態になったりすることもあるでしょう。ただ、こういう機会を〝才能や本心を発掘するタイミング〟として、自分の中にあるパトス・エトス・ロゴスを見つけてみるというのはどうでしょうか。

自分はどんな人なのか。

天から授かった才覚、任とはなんなのか。

今からしっかり時間をかけてそれを見つけ、その原資を輝かせることができれば、風の時代のガイド的な役割を担うなんていうこともあるかもしれません。

あなたの才能、好きなこと、熱量を欲している人は絶対にいます。世界のどこかにあなたに合う場所も必ずあります。これからは鋭意〝頑張って〟そういうところを見つけていこうではありませんか！

過ぎた時代のものも、残るべきは残る

西洋占星術の世界観では、この世は四つの要素で成り立っているとされています。「火・土・風・水」というのがそれで、東洋でいうところの五行「木・火・土・金・水」みたいなものといえばわかりやすいでしょうか。

2020年末、約220年ぶりに土から風へと、時代の軸となるエレメントが変わりました。ただ、だからといって、今までの土の要素が「完全淘汰！　もう土の人たちは終わり」というわけではないというのは、繰り返しお伝えしてきた通りです。

これまでの歴史を振り返ってみてもそうですが、各時代はそれぞれの特色ある何かを世に残していくものです（もちろん残らないものもあります）。

火の時代には品格・エンタメ・国・王族・統制
土の時代には建造物・コンフォート・制度（システム）
風の時代には経典・スピリット（精神・教え）・優れた言葉・格言

水の時代には他との融合・その交わりのための航路や道・芸術・スピリチュアリティといったふうに。

私たちの生活を見てみても、**過去の時代からのレガシーはいたる所に存在し、私たちも恩恵を受けて暮らしています**。美術館や博物館とその収蔵品、法律、書籍、定理や数式、時計、インターネット（これは比較的近年のものですが）といったふうに、〝先人が残した、各時代を代表するようなもの〟を生活の其処ここに見つけることができます。

当然かもしれませんが、残るべきものは残るし、そうでないものは風化していく。それゆえ、「土の時代のものはオワコンになっていく」ということは必ずしも正解とは言えないでしょう。**残るべきものは残り、そうでないものは新陳代謝されていく**だけなのです。

今の私たちがいるのは折り返しポイント

水の時代の次の火の時代が始まるのは2398年（射手座でのグレートコンジャンクション）で、そこで1600年頃から始まった一つのサイクルが終わりを迎えることとなりますが、その頃には一体この世界はどのようになっているでしょうか。

そこは今からカウントして風・水の二つのエレメントが経過した世界。きっと織田信長等の戦国武将が今の時代のことを想像できなかったように、今の私たちからしても〝想像できないほど〟の未来がそこにはあるのかもしれません。

未来はいわゆるSFで描かれるような、ファンタジー色の強い〝近未来感〟がある風景なのか、それとも『スター・ウォーズ』のようなハイテクは出てくるけれど、砂漠とか荒野が広がる世界なのか。それとも今とあまり変わらない感じなのか……。

そのあたりもこの本の後半で、あくまで星の世界観をベースにしたものとなりますが、余すところなく伝えていきたいと思います。

ちなみに、「火・土・風・水」を四季に例えると、今私たちがいるところはちょうど〝春・夏〟が終わったところ。所謂、折り返し点にあたるところです。

これからは一つのサイクルの中の後半である〝秋と冬〟を体験していくこととなりますが、冬はさておき（水の時代にあたるので）、秋とは実りの秋、収穫の秋でもあります。

多くの果実が採れて、田んぼは稲穂で黄金色に染まる。そうして考えるとなにやらこの風の時代が**豊かさに溢れた楽しそうな時代**に感じられてくるのは私だけではないと思いますが、どうでしょうか。

“土”な人はどうすればよいのか

風の時代のことを伝えていっていると、「土っぽい人はこれからどうしたらいいでしょうか？」と尋ねられることが増えてきました。

世代的になのか職業特性的になのか自身のネイタルチャート（出生時のホロスコープ）を観察してなのか、その出どころはさておき、土っぽい要素を多く持つ人というのは確かにいらっしゃいます。特に今の中高年に属する世代の人たちは土の時代がもっとも隆盛した時を生きた世代であり、自ら土の人であるという認識も相応にあったりするので、そういった疑問が生じるのも当然だと言えるでしょう。

そんな土の時代に旨味を得られた世代・人たちは一体これからは何をすればいいのか。「風の時代になったら、時代の波に淘汰されていくのでは？」、そんな心配や不安が心中に渦巻いているのも理解できますが、星の世界とはバランスでできているのでON／OFFボタンをパチンと切り替えるように、一気に急転直下、運気が0に！……なんていうことはありませんからどうぞご安心ください！

土の時代にたくさんの〝メリット〟を享受できた人たち。星のセオリーでいうと土の時代の要素は所有と構築なので、彼らはきっと〝持てる者〟であると思うのです。

土地や証券やもちろんキャッシュ等の金融資産、そして権限、権利といった豊かさの大地とも言えるものをこの世代や土の要素が強い人たちはお持ちになっていることが多いはずですから、それらを上手く使って**若者をサポートしたり、引き上げたりするなど、〝風の時代的な循環〟を促進、応援する**ように振る舞えば、きっとこの時代の波に乗り遅れることなく過ごしていけるはずです。

それとは逆にミレニアル世代、Z世代に代表される、風の時代の基盤を作るリーダーとなるべく生まれてきた人たちは、そのフットワークの軽さと情報伝達系統のスペックを生かし、いろいろなことを広く世に伝えていくミッションを持っています。

分電盤・アンテナ・人工衛星のようなポジションをイメージしていただくとわかりやすいかと思いますが、中継地点、もしくは発信の源として言葉やイズム・精神といったものを作ったり伝播していくと、きっとこの風の時代に適応していけるだけでなく、先陣を切るような活躍ができるはずです。

土要素の強い〝持てる者〟はプロパティを生かし、循環をサポートしたり、基盤・プラットフォームを作ったりして、流れを太く速いものにしていく。

風要素を持つ〝流れを司る者〟は発信と拡散をし、そして世界を巻き込んでいく渦を作っていく。

このように捉えると土・風が相互に補完する関係になっていることがわかります。前述の通り、世界はバランスでできていますから、土が今までは〝攻め〟だとしたら、これからは鉄壁のガーディアンとして、〝守り〟の存在になっていくように思います。

お互いが牽制し合うのではなく、お互いが相互に助け合い生かし合っていく。

土の要素が強い人は、最初は自分の資産や築き上げてきたものが流出するような不安やイメージを抱いたりするかもしれませんが、恐れを払拭し一歩踏み出してみれば、その〝風の時代の渦〟はあなたが差し出すものを数倍にも数十倍にもしてくれる、〝幸せ・豊かさの純粋培養機〟であるということが理解できるはずです。

天王星のいる場所から時代の追い風を読む

この世に存在しているものの多くは独自のリズムや周期性を持っています。例えば、一年は365日で、春夏秋冬が一巡するとまた新しい年を迎えますし、中国由来の干支は12年で一周して、始まりの子(ね)に戻ります。

もっと身近なところではTVの連続ドラマは10〜12話ぐらいを1セットとして、3ヵ月、1クールで終了し、また次のシーズンのものにバトンタッチされていきますね。

このように、世界には〝流れ〟があり、また、そこには〝周期性やリズム〟というものがあります。

そして私の専門領域である占星術の世界では周期、リズムを計算するために、天空にある10個のギア(太陽・月・水星・金星・火星・木星・土星・天王星・海王星・冥王星)を用います。

このうちの後半の5天体が、この世の背景や社会の傾向を決める力を持つとされているのですが、この中で最も強く、私たちの生活を根本から変えていくのはきっと、〝ま・さ・か！〟を演出する天体〝天王星〟でしょう。

7年ごとに世を動かす天王星

ここで少し、その〝まさかのトリガー〟となる天王星の解説をしたいと思います。**革命を司るとされる惑星・天王星**は7年の間、1つの星座（サイン）に滞在します。その**7年の間にそのサインが司る領域において〝色々な革命的な事件を起こしたり、圧倒的な進化進展をもたらしたりする〟**のが天王星のパワーであり、役目です。

天王星の動きを観察すれば、大きな変化は読み解くことができるので、人によっては先取りしてその変化への対応を進めたり、また経営層であれば、それに合わせた事業計画を練るなどもできたりするでしょう。

つまり、天王星を知ることは時代の背景を知ることとも言えるでしょうし、また、自分の人生を攻略するためにもとても有用な星読みのテクニックであるとも思うのです。

ちなみに過去の統計を見ても、**7年ごとにこの星が動く（サインをまたぐ）時にはかな**

りの高確率で、新しい時代の到来を告げる何かが起きています。

そして、この星は大胆に社会背景を書き換えていくので、当然ですが社会にも個々人にも等しく影響が出ます。

例えば、執筆時の2021年では、天王星はお金等を示す座標である牡牛座にいます。この配置は2019年から続いていますが、ちょうどこの頃は日本銀行券の新デザインが発表された時にあたります。

またpayサービスが一気に普及してキャッシュレス化が進み、タッチ決済ができるようになった時ともシンクロしており、特に東京などの都市部では、現金決済不可のお店も現れていたりするなど、お金に関しては急ピッチでアップデートが進んだ時でもあるのです。

加えて、天王星は〝広げる〟だけではなく、反転、逆転させるようなパワーも持っているので、前述の〝現金が使えないお店〟が増えていることなどはまさにその逆転現象の典型例でもあり、また、これがさらに拡大していくと〝現金オンリーの人〟はポイント還元等で不利になるだけでなく、多くのお店で商品を購入できないということも起こり得るのではないでしょうか。

天王星のリズムを知る

極端な言い方かもしれませんが、ホロスコープのことはよくわからなくても、またその星の叡智のすべてを知ろうとしなくても、天王星だけを追えば時代が移り変わるタイミングを押さえることができます。

どういったものが時代の追い風を受けるのか。
どういった業界・領域が変化の渦に飲まれるのか。
そういった一連の変化が自分にどんな影響を与えるのか。

そういった情報が揃ったら、あとはその流れへの対策をして過ごし、途中で適宜軌道修正をしつつ動いていけばよいのです。

また、天王星は7年に一度動くことから、人生も7年（～8年）周期で何か大きな転換期がある！　と言ったとしても、それもあながち間違いではないのです。

ただ、転換のトリガーが引かれるのは天王星がシフトする時だとしても、人の世界には〝辞令が出る時期〟とか〝引っ越しのシーズン〟といったものも存在していますから、星と完全にシンクロするのはやはり難しいもの。

とはいえ、**天王星が動く時からカウントして前後半年ぐらいの間**には、自分の心の中の思いから、家族関係、住まい、仕事に至るまで、各自で分野は違えども、**〝たしかに何かが思いっきり変わった〟**という人も多いように思うのです。

以下、近年の天王星シフトのタイミングを記しておきます。

２０２６／２０１９／２０１１／２００３／１９９６／１９８８／１９８１／１９７５／１９６９／１９６２

いかがでしょうか？　各自の人生史に照らし合わせてみると、〝転換が起きた時〟と右記の年にはなんらかのシンクロがあったりはしないでしょうか？

＊最大で±1年ぐらいの誤差が生じることがあります。

天王星は時代背景を変えていく、いわばシステムを書き換えていくような宇宙のエンジニアのような星。

この天体がシフトすれば、今までNGだったこともOKになったり、今まではありえなかったこともありえるようになったりもします。それほど時代を変えていくパワーが強い天体なのですが、あなたもこの天体のパワーを使うことができたなら、きっと、その有り余るパワーの恩恵を受けて、時代の寵児になったり、圧倒的な飛躍をしたりすることも叶うはず。

この革命戦士・天王星の波動に対し抗うか、それともその勢いを追い風とするか。この如何により、私たちの人生の成長率は大きく変わっていくこととなるのかもしれません。

風にリアルに移行する6年間のこと

風の時代初期、特に最初の6年（2020年年末〜2026年）においては、太陽や主要天体が土のエレメントのサイン（牡牛座、乙女座、山羊座）に入る時に刮目（かつもく）することで、〝変化のトリガーのタイミング〟を捉えられるのではないかと思っています。

2019〜2026年には土のエレメントの1番目、牡牛座の部屋に、前述の〝ひっくり返すエネルギーを持つ天王星〟がいて、その間に他天体も牡牛座の部屋に入ったり、いい角度をとったりすることでその天王星の力がさらに強調されるというのがその主たる理由です。

ちなみに星の世界にはいろいろなセオリーがありますが、そのうちの一つに〝アスペクト〟というものがあり、ある星とまたある星が特定の角度をとるとか、重なるとか、対角線上にあるといった時には〝特別なパワー〟が発生すると定義されているのです。

このルールに従うなら、牡牛座の部屋、それから牡牛座と良好な関係性を持つサインである乙女座、山羊座の部屋、これら三つの部屋に太陽が入る時には、特に起点・ターニングポイントとなるようなことが起きやすいと言えます。

牡牛座も乙女座も山羊座もこの社会の基盤・要のような役割を果たす、大地のサインです。そして、その礎となるものが〝天王星のバイブスを受けて変わっていく〟ということは、この世の基盤、大地そのものが変化していくということでありますから、それをリアルな世界に当てはめたとするならば、前述の時期を境に**ルールや仕組み・仕様が変わっていく**のでは、と変化のあたりをつけることも可能でしょう。

今、私たちがいるのは風の時代で、そこは精神や知性が主となる時代ですが、風よりもやはり〝目に見えるもの〟の変化のほうがリアルに体感しやすく、わかりやすいはずですから、この太陽・牡牛座／乙女座／山羊座期間に起きる〝時代の移り変わりが投影された出来事〟はやはり、それなりのリアリティを伴い私たちの生活を変えていくこととなるのでしょう。

定石（セオリー）には石なる漢字が組み込まれていますが、〝石がその場から動けば〟それはもう定石ではなく、不動のものではなくなります。

つまり、この太陽が土のサインに絡む時には、今までのセオリーが過去のものになっていくような、そんな基盤の変化が起きていくような気がしてなりません。そのため、これからもしばらくはこの「天王星×土」「太陽×土」が絡む時からは、私も一星読みとして絶対に目が離せないのです。

「天王星×土」＋「太陽×土」＝基盤の変化！

天王星×土のエレメントの絡みは色々な〝土台の変化〟をもたらすとお伝えしましたが、では、土のエレメントに属するサイン（牡牛座、乙女座、山羊座）はいったいどのような〝基盤〟を変えていく作用を持つのでしょうか。

以下、各サインごとに列記してみたいと思います。

天王星・牡牛座＋太陽・牡牛座期間 ↓ 金融、土地、不動産、財源のシフト
天王星・牡牛座＋太陽・乙女座期間 ↓ 土台、仕組みのシフト
天王星・牡牛座＋太陽・山羊座期間 ↓ 社会構造、権力や組織の力のシフト

２０２６年に天王星が次のサイン、双子座の部屋に行くまで、あと何回この太陽が牡牛座を巡り、乙女座を通過し、山羊座に至るのかをカウントしてみました。するとこの変化の〝山〟と言えるタイミングは、執筆時の２０２１年夏から数えると、あと16回ほど起こることがわかりました。そして、これが多いと見るか少ないと見るかは私にはわかりませんが、ただ、この16回の〝天王星×土〟がこうして周期的に起ることで、**人の意識・OSのようなものとか、実際の金融システムとか、社会が目指すものとかが進化**していくのでしょうし、結果、あと数年で新時代様式のものへとスライドしていくはずです。

諸説ありますが、**リアルな風の時代の始まりは２０２６年に天王星が次の風のエレメントの部屋である双子座に入ってから**だろうとも言われています。

また、その頃にはミラクルを起こすと言われる海王星も次の部屋、牡羊座に入るので、その辺りに〝大きな時代の節目〟があることはどうやら間違いなさそうです。

そして双子座の表すものが「横の繋がり」であることから、それらの星回りが暗示するものは、上下意識から脱した世界の誕生と発展だと思っています。つまり、〝縦割りではない世界〟が本格的に始動するといったものであり、皆が個性を発揮しつつ、広く横に繋がっていく世界線へと移行していくというのがこれからの世界の動きであり、コアとなるものでしょう。

その世界線では多くの人たちが世界に飛び出て、各地で好きなように暮らしたり、旅をしながら暮らしたりするといったノマディックな生活もできてしまうものだと思っていますが、それを実現するためにも、**これからの5年間で、我々は今までの社会基盤を大きく変えていかなければなりません。**

そしてそのギアチェンジ、様式の変容に必要なのがこの天王星&太陽×土のエレメントの洗礼。この通過儀礼を受け続けていくと、我々の生活もだんだんと風の時代らしく仕様がアップデートされていくはずです。

天王星が書き換える〝豊かさ〟の意味

天王星が鎮座している牡牛座は「所有・金融・価値観」を司るサインだと言われています。ちなみに占星術では12の星座すべてにキーフレーズが与えられていますが、牡牛座のキーフレーズは〝I have〟とされています。

そして、天王星がそのhaveが示すものに対し、改革のメスを振るうというのが2019〜2026年にこの世で起きるとすれば、今の〝社会の変容〟を観察すればするほど、星の世界と現実社会がシンクロしていることがよりリアルにわかろうというものではないでしょうか。

ただ、〝I have〟といっても、そのhaveなる言葉が内包する意味、概念は実は多岐にわたります。

have：食べること、持つこと、所有することもちろん他にもあるのですが、主たる意味はこのあたりに落ち着くでしょうか。

天工星は変えるエネルギーであるというのはもう何度もお伝えした通りなので、「変わる×食べる・持つ・所有する」という方程式が成り立つとするならば、この時期には**私たちが摂取するもの、収入源、価値観やプロパティが大幅に変わっていく**と見ていますが、これをお読みの方の中にも、もう実際にそういう経験をしたという人も多くいらっしゃるのではないでしょうか。

また、この変化期間は7年間も続くので、この間にアレルギー反応とかの発現により食べられないものが増えるとか、以前と食べ物の好みが変わるとかといったこともあるかもしれませんし、実際、コロナショックによって多くの飲食店が変化を強いられたのは記憶に新しいところかと思います。このように食にまつわる業界が変化を促されるということもあるでしょう。また、食品・飲食関係の法律が変わるなど、環境面の変化も起こり得るかもしれません。

次に、所有で言うと、最近多く見られるようになってきたサブスクやシェアを筆頭に、

持たない暮らしをサポートするものが一気にその存在を際立たせています。

以前からあったシェアカー・シェアハウスのみならず、近年ではオフィスのシェア、ホテルや家、家具のサブスクサービスも登場し、所有の概念を上書きするものが世に多く登場してきています。

そういった大きな世の中の動きがこうした天王星の動きによるものである、と考えるのはきっと私が占星術に染まっているからかもしれませんが、とはいえ、ここまで社会の事象とリンクしていると、否が応でも天体が世間を動かす力を感じずにはいられません。

どのようにアップデートが進んでいくのか

新札のデザインの発表、ｐａｙサービスの普及、元号の改元、コロナショックと、２０１９〜２０２０年だけ見てもこれだけたくさんの変化が起きているのですが、天王星はあとまだ5年も〝牡牛座の領域〟にステイし続けるのです。一体これから世界はどれほど変わりゆくのでしょう。

特に奇をてらった捉え方をせずにストレートに牡牛座と変化を掛け合わせていくとすると、やはり、**所有に対する価値観が変わったり、または財物の獲得法、報酬の形が多様化**

していくとみるのが妥当ではないかと思っています。

たとえばですが、今後は現金ではなくマイル、ポイント、トークンといった、〝現金のように〟使えるもので報酬をもらうことが選べたり、また、物々交換、技のトレード、そしてそれらが可能となるプラットフォームが出来上がっていったりしたなら、まとまったお金がなくとも、お金以外の手段を使い、欲しかったものを手に入れられるという人が増えるかもしれません。

また、I（一個人）が所有せず、WE（財団、社団法人、グループ等）で所有することで管理、維持等々が楽になるものもあるはずですし、個人所有にしないほうが循環が生まれるものはどんどんWEで所有するなど、〝社会・コミュニティで回していく意識〟が今後は広がっていくのではと思います。

今までの時代においては、古くは食料の保存が利かない時代から、近年だと戦後の復興期等、ものがないところから、ものが〝ある〟世界を目指してきたように思います。

狩猟採集の失敗、収穫の失敗、かんばつ・嵐・水害・大雨といった環境リスクに食べ物を左右されてきた時代が長かったため、〝安定して食糧を得ること〟はもはや人類の悲願であり、DNAにその夢が組み込まれているといっても過言ではないでしょう。
ものがある豊かさ、明日食べるものに困らない環境。
そういった〝豊かな生活〟をきっと私たち人類は太古の昔から目指してきたのでしょう。

ただ、少なくとも星の羅針盤が伝えるところによると、これから私たちは、がんばって何かを獲得し、それぞれが〝豊かさの形〟を追求していく「Iが豊かになる時代」から、もう既に各自に備わったものや、**時代を生きていく中で育った才能・築き上げた豊かさ等をシェアしていく「WE時代」へと突入**しようとしています。

そのため、これからは、各自の〝才覚・財・叡智〟をシェアしていけるプラットフォームやサービスが続々とこの世に現れたりして、その財物のコモンズ化、シェア意識の拡張にさらなる追い風が吹くはずです。

天王星がもたらす新しい価値観

少々星の話をしますが、2020〜2023年は土星・水瓶座期間、そして2023〜2026年は土星・魚座期間と言われる時となります。

この水瓶座も魚座も助け合い、慈愛、協調、融合を促すとされる、〝宇宙意識〟の強い星座と言われています。それ以外にも現在、魚座の部屋にいる癒しの星・海王星もその流れをサポートするので、2026年頃までは今まで以上に**〝環境を意識すること、助け合うこと、支えること、協奏し相互に補完すること〟が、俄然、「COOLで格好いいこと」となる**時代になっていくはずです。

占星術の世界も12の異なる部屋が集って円形となることで一つの宇宙を表していたりするように、人々も各自が持っているものが異なるからこそ、助け合っていくことで〝一つの万華鏡＝人間世界〟として成立するようになっています。

そして、風の時代が精神の時代であるとするならば、これからはそういった〝それぞれが持ち場で輝くこと〟で得られる感動とかバイブスの高まりがきっと今まで以上に多く見られ、またそういった倫理観が重要になっていくのではと思っています。

小我ではなく、大我がもたらす衝動、インスピレーションによって動かされた私たちは前人未到の何かを達成したり、今まで解き明かされなかった何かを解明したり、はたまた、この世にあった詰まりや汚染を思いもよらぬ方法で除去できることを突き止めたりするなど、ゾーンに入ったアスリートたちがそうであるように、いろいろな〝神がかり的な知恵や閃き〟を降ろしていく存在となっていくはずです。

純粋でクリスタルのように透明な気持ちで描かれたり、作られたりした作品や商品たち。そういう綺羅星のような光を放つもの、場所、アートが、たくさんこの世に産み落とされていくのだろうなと、希望的観測も含め、そういった明るい未来をこれからの展開として予想していますが、それらは**〝もっと儲けたい〟とか〝もっと目立ちたい〟とか〝見返したい〟といった〝Iに由来する意識レベル〟の縛りから解き放たれる**からこそ起こるものなのでしょう。

〝すでに持っているものを外に出してみる〟だけで、実はこの世界でもっと色々な経験や広がりを体験することができたりもするのですが、その事実に多くの人は気づいておらず、なぜか〝持っていないものを求め、また、それを使って（持っていないのに）社会で頑張ろうとする〟傾向があります。

自分にはないもので頑張り、最初からあるものを使おうとしない。

ここだけを見るとなんとも滑稽なようにも思うのですが、鑑定等の現場で多くの人と対話していると本当に〝あるものに目を向けていないケース〟にしばしば出くわすので、やはり、**自分をしっかりと内観することが、その大我とかもうすでに授かっているものに気づくための最初の一歩**ではないかとも思うのです。

また、これからの時代には、すでに持っている天才性とか才能とか引き継いだものを〝分かち合う〟ようにするだけで、つまり、〝所有〟にまつわるマインドセットをＩからＷＥに変えていくだけで、あっという間に〝光射すほうへ〟と、つまり成功や本当の豊かさといったほうへとレールが敷かれていくはずです。

改革の星・天王星はそういう個から集とも言える〝豊かさの味わい方〟と〝一つ上のレベルの豊かさ〟を今、私たちに届けよう、知らしめようとしている気がします。

そして我々がそういった豊かさの循環に馴染んできた頃、おそらくは数十年後になると思うのですが、今私たちが持っているような、〝稼ぐ・所有・豊かさ〟の概念は一気にガラパゴス化し、オールドタイプの価値観になっている可能性すらあると思うのです。

価値観がひっくり返る時
――ある穴についての考察――

時代が変わると価値観も変わるというのはよく言われる話ですが、この項ではそれを象徴するような事例をご紹介したいと思います。

2000年代前半、私がまだミラノで就学中にロンドンから友人がやってきました。二人ともデザインを学んでいたことから終始デザイン談義に花を咲かせていたのですが、ある夜、彼はロンドンの大学で受けた〝デザインイノベーション〟についての講義にえらく感銘を受けたと言い、その内容を熱く語ってくれたのです。

今でもそれを覚えているのはそのトピックの面白さのせいなのか、彼の熱量のせいなのかは判断しかねるのですが、いずれにせよとても印象深かったこともあり、私の脳裏に残っています。

さて、その話というのは、工業デザインなる概念が誕生してすぐの頃のアメリカで、インダストリアルデザイン界の巨匠があるメーカーから歯磨き粉のパッケージデザインの依頼を受けた時のエピソードでした。

企業側は当然ですが、その歯磨き粉を売りたくて、デザイナーに新しいパッケージデザインをオファーしたのですが、彼がそのリクエストに対して出した答えは、目を引くパッケージをデザインするのではなく、チューブを新素材に変えたり、チューブ自体をファンシーにするといったものでもなく、なんと**〝歯磨き粉が出てくる穴〟を通常のものよりも大きくした**、というものでした。

勘の鋭い方はもうお気づきかもしれませんが、**〝穴を大きくする〟ことによって、1回ごとの使用量が増えるので結果、消費のサイクルが早くなり今よりもその歯磨き粉の売り上げが上がる！　というのがこの提案の真意**でした（ちなみに、これはインダストリアルデザインの黎明期(れいめいき)の話。また、私がデザインを学んだ頃のイタリアでは、デザイナーたちはこういったスタンスのクリエイションをすることはほとんどなかったように思います）。

さて、ここまでが前述の友人の話であってここからが本題なのですが、もし、今これと同じことをしてもこの商品の売り上げはあまり変わらないか、なんなら逆に〝エコではない〟という理由でむしろマイナスのイメージがついてしまう可能性もあるように思いますが、はたしてこれをお読みの皆さんはどのように感じられたでしょうか？

［かつて］使用量が増える＝売れる ↓ 企業は儲かる

［今］ 使用量が増える＝売れる ↓ 企業は儲かる……が同時にゴミも増える

ここからは時代の空気を読みつつ、星の見地も絡めつつの私の勝手な解釈ですが、近年のＳＤＧｓ的なものが求められる時代背景、二酸化炭素の排出規制等が強まっている諸状況を鑑みると、こういったただ〝売り上げを増やす〟だけの大量生産・大量消費をベースにしたクリエイティブ手法はもはや歓迎されるものではなくなっているように思うのです。

また、〝消費量を増やそう〟というアイデア自体がもはや、昨今の消費者動向から察するに、消費者にも地球にも寄り添っている感が感じられず、なんならユーザーによっては信頼できない商品・メーカーであるとすら感じられたりするのかもとも思っています。

ＳＮＳの普及により、〝双方向のコミュニケーション〟が取れる時代となって久しいですが、買い物・消費・生産等の場においても、**メーカー・提供者↓消費者といった、前時代的なシングルアローではなく、提供者↑↓消費者といったふうに〝リアルな相互コミュニケーション〟が行われていく**のがこれからの時代のスタンダードでしょう。

この〝↑↓〟的なやりとりが当たり前になれば、前述のような〝穴を大きくするアプローチ〟は完全にシングルアロー的であり、これからの市場において歓迎されるアティテュードとは最もかけ離れたものになると断じるのは、いささか厳しいジャッジでしょうか。

天地がひっくり返る

今までの〝なし〟が〝あり〟に、〝優良〟が〝普通〟になるなんていうことがしばしば起こるのが、時代の軸が変化する時。例えば今回ご紹介したケースもそういった時代軸の変化によって捉えられ方が変わった典型例と言えるものかもしれません。

上記の例のように100年ほど前は、歯磨き粉のパッケージの穴を大きくして〝消費に貢献〟できるものがGOODとされていました。それが2021年の今では大きく変化。

どうやったら自然に還るマテリアルをうまく取り入れられるか、とか、どうしたら根本的にゴミを削減できるかとか、または、可能な限りものを買わない生活へとシフトをするにはどうしたらいいのか等、こうしてすぐに思いつくだけでも、過去とは全く違う視点が生まれていることがわかりますし、また、そういった**Reduce（減らす）思考こそが、これからの時代においては主流となっていく**ものであると、昨今の世間の動きを観察しているだけで、もうそれはビシビシと感じています。

CHAPTER 02

風の時代の最強武器「バイブス」とは何か

風の時代を生き抜くための最大の武器となるのが、波長・波動とも言われる「バイブス」。吹く風と同じく、目に見えないものが力を持つ風の時代は、自分が発するバイブスにも、自分が受けるバイブスにも気をつけることが大切です。人間関係も、ビジネスも、消費活動も、バイブス至上主義を貫き、軽やかに風に乗っていきましょう。

風のキーワード「バイブス」

近年、若者たちの間で使われている言葉に「バイブス」というものがあります。言葉には流行り廃りもありますし、また昨今では〝期間限定のバズワード〟みたいなものも発生しがち。言葉やフレーズが出てきたり消えていったりするのは別段気にすることでもないのですが、このバイブスなるものだけは、一過性の言葉であるようには思えず、またどうやら〝流行っているから使っている〟というものでもなさそうだと感じています。

バイブス：
（言葉によらず伝わってくる）雰囲気、心の中、考え方といったことを意味する英語。レゲエやヒップホップ音楽では「ノリ」「気合い」「フィーリング」などを表す。実際に使用される際の意味合いは漠然としており、「いいバイブス」（いい雰囲気、ノリがいい）、「バイブス上がってきた」（気分が高揚してきた）といったように使われる。13年6月、「踊る！さんま御殿!!」（日本テレビ）に登場したモデル・今井華が、日本の若い女性が使う言葉「ギャル語」としてバイブスを取り上げたこともあり、世間的に認知されてきている。
〔出典／コトバンク（2013年7月5日）〕

辞書サイトによるとこのように示されているのですが、実はこの最初の1行にバイブスのなんたるか、その根幹のようなものが記されています。

〝雰囲気、心の中、考え方〟、それらがバイブスの本質とも言えるもの。

雰囲気が合う／合わない、考え方やイズムが合致する／異なる等、漢字・日本語で書くとお堅く感じたりもしますが、こうしてバイブスがいい・バイブスが合うと表現すると、どこかオブラートに包んだようにも感じられますし、〝マッチング感〟や〝よさげ〟な感じを柔らかく伝えることができる、なんとも便利な言葉であるとも思うのです。

また、俗語的な意味とは別に、**バイブスとはまさにその名の通り、〝Vibration＝波長・波動〟であると理解すると、「波長が合う」、つまり「気が合う」というようにも使える表現**であることがわかります。

実際、日常生活でも「気が合う」とか「気がいい」というのはよく使われる表現でもあるのでそれを新しく言い換えただけとも言えますが、バイブスのいいところはこの俗語的な意味の中にあるように、〝心の中〟のことも表していることではないでしょうか。

例えば慇懃(いんぎん)無礼という言葉がありますが、あれこそまさに〝形〟と〝心〟が一致していないことの典型例。いや、それどころか、なんなら心の中では対象を馬鹿にしている、下に見ていることを指していたりもします。表面的には丁寧なおもてなしをされたとしても、心の中で何を考えているか、本気でおもてなしをしたいかどうかというのはやはり〝伝わる〟もの。その〝伝わる何か〟をバイブスと捉えるとどうでしょう、一気にバイブスなるものがリアルに感じられるのではないでしょうか。

心と体が一致していること。
精神と表現が乖離していないこと。
また、そういった状態の時に体から発せられる風、気のようなもの。

それこそがバイブスの正体ではないかと思うのです。

前者でもお伝えしていることなのですが、これからの風の時代には〝クリア〟であることがとても重要視されます。嘘は見破られ、体裁を取り繕っただけのことはじきに見向きもされなくなる。捉えようによってはこれはだいぶシビアな時代です。

でも、だからこそ**〝真面目にやっている人〟が報われる時代**だとも言えるのです。

消費活動もバイブスが判断基準に

風の時代とは知性・精神の時代であり、また、目に見えないものがフィーチャーされる時代。まだこの新時代が始まって半年ほどしか経っていませんが、最近つとに感じるのは、もう人々は〝値札〟でも〝市場価値〟でもなく、**気持ちよくバイブスを交換できる**か、その商品を買う時、サービスを受ける時に**自分のバイブスが上がる**か、そういった〝波長〟的なものを敏感に感じ取りながら消費活動をしているな、ということです。

商品のスペック等以上に見えないバリューや繋がりの価値が、以前に比べ殊更に重要なパラメータになってきているなと感じています。

今までは声を大にしては語られてこなかった〝波長がいい〟、または、〝繋がりを感じられる〟などが判断基準として価値を帯びてくる時。そこに我々は片足以上を突っ込んでいて、そういう世界線が知らず知らずのうちに走り出しているなぁと、改めて思うのです。

私たちはデフォルトで敏感体質になっていく

風の時代とは〝目に見えないもの〟が大事にされる時代。「気をつける、気遣う、気がいい、気が軽い、元気になる、気性が安定している、気立てがいい」等々は今まで以上に〝よき特質〟とされるでしょうし、そういうものがどんどん取り上げられていき人気商品や人気サービスになっていくはずです。

それらとは逆に、空気が読めない、気がつかない、気にも留めない、気が利かないといったものは今、たとえどんな座についていたとしても、そのポジションから陥落していく可能性も高いのではとも感じています。

今までの時代、土の時代においては〝キ〟はキでも〝器〟がパワーを持った時代でした。大量生産の現場では〝金型(かながた)〟を用いることも多いですし、また、考え方によっては多くの人を収容するオフィス、遊技場、スタジアム、映画館、美術館等も器の一種であると言えるでしょう。極論を言えば、銀行もお金を扱う〝器〟と言えたりもするかもしれません。

今後の風の時代においてもそれらは存在し続け、きっと特定の力も持ち続けると思いますが、時代の主たる属性になるようにはあまり思えないのです。

話は少し脱線します。これを書いているのはちょうど満月明けですが、この月のリズムなるものが注目を浴び出したのはここ数年、最大でも10年ぐらいのことでしょうか。月星座占いが熱く支持されたり、上弦・下弦・満月・新月に縁のあるアイテムが出始め、それらがまた人気を博したり……。

このように月をはじめとして宇宙のリズムにまつわるものが近年市場に多く出てきているなと感じている人はきっと私だけではないはずで、皆さんの多くもそのように感じていらっしゃるのではないでしょうか。

人間と圧の切り離せない関係

冒頭で〝これからは目に見えないものが大事になっていく〟とお伝えしましたが、その中でも最もわかりやすいもののうちの一つが月と、月が私たちにもたらす作用ではないかと思います。

皆さんご存じのように人はその体の半分以上が水分でできています。そのため〝気圧・水圧〟といった外界から体にかかる圧が、例えばビニールホースを摘むと勢いよく水が飛び出したりするように、〝血液・リンパ〟等の体液の循環に作用します。

読者の皆さんの中にも「なんかだるいなと思ったら、雨が降ってきた」なんていうことを経験したことがある人もいらっしゃると思いますし、逆に、調子がいい時はいつも高気圧だという人もいるでしょう。

このように、高気圧は〝常に体にいい感じの圧がかかっている〟ので、血が巡り、活動しやすい状態となっているのです。当然その逆なのが低気圧なので、例えるならホースをプッシュしないと水が回りにくい状態となっており、私たちの血液が巡りにくい状態になっていて、しんどかったり、重だるく感じるということが起きるのです。

高気圧・低気圧自体は目に見えないものですが、私たちはその地球上に存在する気圧とシンクロし、だるくなったり、活動的になったりしています。

前置きが長くなりましたが、それと同じような作用をするものに月からの引力がありま す。満月や新月、はたまた月と地球の距離といった数値が変動することにより、〝引力〟に変化が生じ、海も満ちたり引いたりしますし、〝血潮〟と言われるように、**私たちの体の中**

の血液も同様に月の影響を受け〝満ちたり引いたり〟して、体調や気分が変わったりするものなのです。

満月には出産が多いというのは有名な話ですし、月の満ち欠けこそ生命のバイブレーションであり地球のリズムそのもの。私たちがこの地球で生きる以上決して無視することはできない、地球の時計のようなものだと思うのです。

人は自らのリズムで生きているようで、実はこのように地球の呼吸と同調して生きているものです。自身の血潮のコントロールすら気圧や月の影響を受けているのですから、〝自分がきちんと過ごしていたら健康管理はバッチリ〟などということは決してありません。

私たちはこの地球の呼吸とシンクロして生きている。

そう考えると、私たちの体調が悪いとかだるいといったことは、必ずしも自分たちの健康管理に不備があったせいでも、変なものを食べたせいでもなく、たまたまその時に気圧がおかしかったからとかで〝地球とシンクロしている結果である〟というふうに捉えられなくもないのです。

これからは〝ハメハメハ方式〟が主流に

土の時代、人は外部デバイス・ハードウェアを進化させて生活様式を発展させ、利便性を高めるほうに進化していきました。

そして今、私たちがいる風の時代にはそのデバイスを使う側、つまり、そのソフトウェアとも言える人の内側を進化させて、感覚の進化や意識の革新を目指していくこととなるでしょう。

近年はアレルギーや超敏感体質の人が増えたのもその一環ですが、人類全体の体感覚やセンシング機能が向上してきたので、脳の指令に反して、**体や心のほうがどんどん本来の自分ではないもの、取り入れるべきではないものに対してNOを突きつけてくる**ことが増えてきたように思います。

星の調べによるとこれからもこういった進化は続く予定です。これから生まれてくる人たちはもちろん、今生きている人たちの感覚もアップデートが進み鋭敏になっていく、つまり、人が持つ**目に見えないものに対するセンサーの感度がぐんぐん上昇**していくので、今後は低気圧、台風、地震、地殻変動、微細な気の乱れ等々に敏感に反応する人たちも増えていくだろうと思います。

こうして、超感覚とも言えるようなセンシング感度を持つ人が増えていくと、〝風が吹いたら午後から出社で、雨が降ったら休み〟という会社・組織が出てきてもおかしくはありません。

なぜなら社員たちが敏感すぎて、そうしないと頭痛・腹痛・もやもや・イライラ等を訴え続けて仕事にならないからです。

今までの社会なら〝そんなのは甘えだ〟などと一蹴されたかもしれませんが、センサーの違い、体感の違いはどうすることもできないもの。

こうしていつしか敏感組（感度の高い側）が完全にマジョリティになると、社会全体に〝低気圧休み〟が施行されるとか、強風の日には風が収まるまで外出しないでいいよね！的なマインドが当たり前となったりするのかもしれません。

ここでふと、ある歌の一節を思い出しました。

〜南の島の大王は子どもの名前もハメハメハ
学校ぎらいの子どもらで

風がふいたら遅刻して
雨がふったらお休みで～
（JASRAC 出 2108305-101）

教科書等にも載っているので、きっと皆さんも一度は歌ったことがあるのではと思いますが、なるほど、風の時代が進み、ハイリーセンシティブな人たちが多数派となった世界は〝ハメハメハ方式〟で回っていくのかもしれませんね！

＊ちなみにこの「南の島のハメハメハ大王」の歌では、王様はロマンチックで、風のすべてが彼の歌、星のすべてが彼の夢、とあります。「ＮＨＫ みんなのうた」で放送された超有名な歌ですが、改めてすごい歌だと思いますし、とても風の時代的だなぁと感じました。

言葉もバイブス

言葉は人を傷つける武器にもなれば人を助ける薬にもなり得るもの。

これは色々なところで聞く言葉ではありますが、私自身も言葉によって傷つき、言葉によって救われることも多々あるため、今ふうに言うと〝わかりみが深い〟ものでもあります。

現代を生きる私たち、特に日本に住まう人には色々な自由があります。

居住の自由、信教の自由、職業選択の自由。憲法でもこのように記されていますし、私たちは住まうところを選べたり、仕事を選べたり、付き合う人を選べたりします。

そして、それを同様に、**〝見聞きする（摂取する）言葉を選ぶ〟ことも自由**だなと思ったりもするのです。

不思議な表現かもしれませんが、人は言葉によって生かされるものだとしたら、積極的に生かされる言葉を見聞きし、なんなら使いたいものです。

言葉は食事のようなもの

自分にとっていい言葉＝〝いい栄養となるもの〟を選ぶ。

当然ですが、その反対は自分を貶める言葉＝〝よくない栄養〟は取り入れない、ということが言えます。腐った食べ物を食べたらお腹を壊すように、いらない音・目に入れたくない言葉は、体調や心を蝕むものなのです。

「言葉はエネルギーで食事みたいなもの」

このマインドが広がっていくと〝スキャンダルが取り上げられるゴシップ系のサイト〟はこれから一体どうなるんだろうと勝手に心配したりもしますが、そういった情報系のサイトはこれから風の時代が進んでいくと自ずとその形を変えていくのかもしれません。

例えば、〝見るだけでテンションが上がる〟ようなよいニュースばかりを伝えるようなものになったり……はしないかもしれませんが、いずれにしても〝視聴者のリテラシーとバイブス〟が変わるとポータルサイトの様相も一気に変わっていくのではと思っています。

ただ一つ間違いなく起こるであろうと思うのは、これからは多様化が進む時代となるため、かつてインターネットの草創期から2020年ぐらいまでに存在感を示した、マスを対象にした巨大ポータルはその数を減らし、その代わりもっとそれぞれのセグメントに寄せたポータルが勃興(ぼっこう)していくであろうということ。そして、規模感は大事ではなくなり、より〝サービス提供者と視聴者の距離が近いもの〟が増えていくのではと感じています。

また、情報の質とか量も大事ではありますが、〝どういうバイブスがあるのか、どういうパワーをそのチャネルから感じるのか〟もこれからは大事なファクターになっていくように思います。

見ていて気持ちよくなる／楽しくなる／上がる／情報やことや人。そういうところに圧倒的なボルテックス（渦）が生まれるのかな、と思っています。

〝波動対効果〟をよくする

配信、発信をしているとよく聞かれることの一つに、「どのようにしたら波動が上がりますか」というものがあります。

諸説ありますし、それぞれ考え方も異なるので〝絶対的なやり方〟というものがあるとは思いませんが、個人的には〝**丁寧な言葉遣いをすること**〟がその第一歩ではないかと思うのです。

これはお金もかからないし、講座に通う必要もありません。メール、電話、対面等で言葉を使う際に、ちょっとしたクッション言葉を付け足すとか、一言添えるとか、敬う意識を浸透させるだけです。

このように非常にお手軽であるにもかかわらず、簡単にバイブスを上げられるので、誰にでもお勧めできるものです。

土の時代的な概念の一つにコストパフォーマンスがいいというものがあります。

この〝費用対効果〟みたいなものを風の時代風に翻訳するとしたら〝**波動対効果**〟なんて言えるのかと思うのですが、前述の〝丁寧な言葉遣いをする〟というのは「自分よし、周りよし、天にもよし」の三方よしで、非常に波動対効果の高いアクションだと言えそうです。

違和感を感じるセンス

時代の読み感とか次に来そうなものにピンとくるセンスとかそういう類いのものは、この地球をサヴァイブしていくための必須条件で、あればあるだけ優位になります。

では、「風の時代に特に必要なセンス、感覚、素養とは何か？」と聞かれると〝クリアであること〟を推しますが、最近ではそれに加えて「違和感を感じるセンス」も等しく重要であると感じています。


違和感。

例えば、「せっかく声をかけられたけれど、なんとなく行きたくない」とか、「本来であればこれは食べるのが筋だが、体は欲していない」とか、はたまた「すごく好いてくれてはいるが、自分としてはピンとさていない」とか。

多くの人はそういった体験・経験をしていると思いますが、少なくとも私個人の場合に限っては、そういった違和感を感じたことを〝その違和感を無視して〟進めたとしても、結局よくない流れになったり、どかーん！　と何かが爆発するような結果となったりしたことがあります。いや、実際には**違和感を放置したまま進めると、そういう目も当てられない、哀れな結末となるケースがほとんど**だったように思うのです。

その原因は、あまりにもシンプルですが、〝動物的な勘〟を無視したことに尽きます。つまり、「最初の違和感を無視したから」＝**見えないものからのサイン、体からの拒絶反応に対し、見て見ないふりをしたから**ではないかと、考えれば考えるほどにそう思えてくるのです。

そういう違和感は〝なんとなく感じるもの〟ではありますが、なんとなくのくせに正誤の判断においては正確無比な的中率を叩きだしたりもする、精密なコンピューター顔負けの不思議なもの。〝違和感〟は私たちに備わった、天然のセンサーなのです。

ただ、人の世の習い、習慣、惰性、情に負ける等でどうしても〝違和感〟を感じているのにＮＯと言うことができないということは往々にして起こり得るもの。とはいえ、「違和感を無視すること」は詰まりの発生に繋がりかねないこともあるので、バイブス至上主義であるこれからの風の時代においては**スマートにＮＯを告げる・離れることもマナー**であり、またそれが容認されるような社会になっていくはずです。

クリアであること、フェアであること、過剰な気遣いをしないこと、思ったことをうまく伝えること。これらが、とても重要になってくるのが風の時代の生き方であると仮定すると、違和感を感じとるセンスが大事であることはもちろん、そのサインを無視せずに上手に軌道修正をかけたり、また必要に応じて距離を取るなり、お断りしたりできる、といったものもこの時代を生き抜くために向上させるべきセンスではないかと思うのです。

また、土の時代にファイナンシャルプランナー、宅地建物取引士、不動産鑑定士といった職能が登場したように、この風の時代にもヒューマンスキル、とりわけコミュニケーションのセンスを開発する講座やトレーニング、ブートキャンプすらも売り物としてマーケットに出てきたりするかもしれません。

ご機嫌さんのプロであること

「画竜点睛を欠く」という言葉は、どれだけ素晴らしいものでも〝最後の仕上げ〟や〝肝心なところ〟を欠くと全部がパーになる、その価値を失うことを意味する表現ですが、日常的なコミュニケーションにおいてもこういったことはきっと頻出しているはずです。

特に人の心は繊細なので終始心地よく会話を楽しんでいたとしても、たった一点の気になることやネガティブなことがあるだけで、そのことについての心証がとても悪いものになったり、気分が台無しになったりする……なんていうことはきっと皆さん経験があるのではなかろうかと思います。

気分よくいることを徹底する

私も意外と細かいところがあるので、そういうことは日常生活の中でしばしば起こるのですが、不可抗力的に起きてしまったこと、もしくは巻き込み事故的に発生したものに関しては致し方ないとしても、防ぎようがあるものに関しては極力避けるようにして〝**気を乱されないようにする**〟のが風の時代を生きる上での快適な過ごし方であり、テンションマネジメントの基本のキだと言えそうです。

「君子危うきに近寄らず」とも言います。この諺がてきた当時はきっと火元とか危険を感じる場所には近づかないといったことを示していたことかと思いますが、今のデジタルエイジにおいては、〝テンションが下がるネタ・ページ・サイト等には近づかない〟といったふうに解釈を現代風に変えて捉えることもできそうです。

また、同じく、諺を連発しますが、〝類は友を呼ぶ〟とも言います。

そしてこれは私の周りを見ても、私自身の半生を顧みてもどうやら〝当たっている〟と言えそうですので、これからの時代においてはやはり**自分の波動を高め、それをキープしておくと、同じような仲間、人、同志に恵まれていく**のではないかと思うのです。

つまり、常にご機嫌でいると勝手によき流れに乗ることができて、楽しく、愉快な日々を過ごすことができていく……のだとすると、このご機嫌モードを徹底することこそがこの時代を生きる上でとても大切な基本姿勢であり、且つ、早急に取り入れたいアティテュードだと言えたりもするのではないでしょうか。

風の時代の恋愛は波動マッチング

本質を求める水瓶座の時代になり、水瓶座の得意技でもあるリバーススイッチが押されるとこの世界はless化が進み、余計な情報や装飾が禊（みそ）がれていくので、今よりもっとものごとがピュア・クリア化していくように思います。

そういった〝無駄を削ぎ落とす〟風の時代の波動は恋愛や結婚という分野にも波及し、恋愛観も新時代のスタイルへと移り変わっていくはずです。

本質的でいて多様な恋愛

新時代の恋や愛。

それは、〝禊を求める〟風の時代らしく、相手のことが心から好きとか、ただ一緒にいたいとかといった純愛や動物的な求愛に近しいもので、計算が裏に感じられる〝メリット主義〟が介入しない、**とても純粋で、本質的なものに戻っていく**のではと思っています。

過去の風の時代はプラトンやアリストテレス等がいた時代でもあり、風の時代というのはそこを生きる人々が哲学的な思考をしていく時代であるとも言われています。とすると、文字通りプラトニックな恋愛観もまた見直されていき、明治以前のような〝お慕い申し上げます〟的な、古風な恋愛感覚が広まっていく可能性すらあると思うのです。

また、SNS等が発達した今であれば、オンラインのやりとりだけで満足するような恋愛も（一回もフィジカルに会ったことがないのに付き合う・なんなら結婚するということも）生まれたりもするのではないかと見ています。

これからの〝愛〟は、時代の風である多様性のバイアスがかかることによって一気に色色なスタイルが認知されていくこととなるはずです。

LGBTQなどの多種多様なセクシャリティ。

複数パートナーとの恋愛。

そういうものを多くの方が受け入れて、既存の型にはめない自由な恋のスタイルが広がっていくと、**人類史上初とも言える恋愛の多様性が容認された、本当の意味での自由恋愛の時代**を人は作り上げることができるのではないでしょうか。

土の時代の恋愛

風の時代の恋愛観。その理解を深めるために、未来ではなく逆に「既存の恋愛スタイル」を少々振り返ってみましょう。土の時代の恋愛を語る上でまず知っておかないといけないのは1900年代後半と2000年代頭、つまり土の時代の最終盤を生きてきた私たちにとっては、〝土っぽい恋愛観〟は実はあまり実感が湧かないものである可能性が高いということです。

例えば、バブル経済少し前くらいまでは、世間ではお見合い結婚とか職場の上司からの勧めで結婚するなんていうことはまま見られたことでした。それよりもっと前の戦前まで遡ると（その時代でも2000年続く土の時代のちょうど真ん中頃です）、親同士が決めた結婚というものも普通に行われていたりもしたので、この土の時代の恋愛・結婚というのは、婚活アプリでいくらでも人に会ったり自由に選べる現代のそれと比べると、なにやら相当に制限されたものであったように思います。

また、悲劇「ロミオとジュリエット」のように、当人同士は相思相愛であったとしても、両家の決まりや関係性という〝土的な要素〟がNGを出したりするなど、土の時代においては二人の気持ちよりもお家のことや経済状態など色々な外野の〝格式・形式・条件〟が重要視されたりもしたはずです。

人を愛する気持ちがあるのに、型に阻害される、型があるから一歩を踏み出せない……。きっと**恋に真面目な人やロマンティストであればあるほど、その〝障壁〟を大きく感じていた**のではと思います。

バイブスの共振を求めて

風の時代はフラット&ニュートラルが基本となります。つまり、〝本質的なもの〟が重要になる時代です。そういう意味では**〝真に愛し合う二人〟にとっては、実は風の時代とは最も外野の影響を受けず、恋や愛が成就しやすい時代**であるとは言えないでしょうか。

この時代においては〝型〟や〝雛形〟は不要なもの、むしろ過剰なものであり、時に不純なものとして扱われたりする可能性すらあります。

これからの風の時代には、愛に関して言うと、純愛至上主義となり、気持ちの密度や熱さ、またここからが大事なところですが、**バイブスの共振・波動的に合うかどうか**といったものが、お互いがお互いを認め合う・惹かれ合う要素の主たるものになっていくはずです。

土の時代っぽい事柄、例えば、資産状況や収入、肩書・家柄等ではなくて、お互いのバイブスによる共振・共鳴がお互いを引き寄せ合う、いわば、〝**波動マッチング**〟が行われていく。それが、風の時代の恋の形であり、バイブス・波動こそが、新時代を生きる二人を深く結びつけるキーとなるものなのではないでしょうか。

運がいい人の正体

この世は全て循環、巡りでできています。

川から海へと水は流れ、太陽で照らされた海の水分は気化し空気中に上がり、雲となっていきます。そしてまた冷やされ、雨となって地表に降り注ぎ、山に降ったものはそのままた川に流れ込んでいく、というのはもう誰もが知っている地球上の水の循環のエコシステムですが、人の体にしても然り、気血水が体を巡ることで、人の生命活動は成り立っています。

このことからもわかるように、循環を持つこと、循環に参加していくことがこの世を生きるうえで必須のアクションだと言えます。

運がいい人がしていること

この項のタイトルでもある〝運がいい人〟というのは、そのセオリーに当てはめて考えると、**運が自分に巡ってくるようなアクションを率先して行っている人**だと言えないでしょうか。

わかりやすいところで言うと、ＳＮＳやブログ等で決してネガティブなコメントは書かず、気持ちが上がるようなコメントや投稿を心がけるというのもきっとそれに当たるでしょう。また、美味しいお店や気持ちがよい場所、絶景等をＳＮＳにアップしたり、知人のお店を紹介するなども周りから喜ばれるアクションと言えるので、きっとそうすることで〝運貯金〟を効率よく貯めていくことができるはず。

このようにネットという世界はエネルギーの循環を起こしやすい場所だと言えます。リアル＝オフラインの世界であれば、何かを紹介するにしても雑誌に投稿するであるとか、ＴＶに取材をお願いするであるとか、資金や人脈や時間や労力といったものが必要なことも多かったのですが、ネットの世界にはそういったハードルがあまりありません。

それどころか誰もが発信者であり、編集者であり、インフルエンサーになれるので、とても**〝運貯金〟がしやすい環境**であると言えるのです。

そう考えると、ＳＮＳとはアンテナであり、運送トラックのようなものであると思うのです。中央にドーンと鎮座し、一声でバーッと広く拡散するスカイツリーのような人もいれば、超マニアックなところにニッチな情報を届ける闇の飛脚のような人がいたりもする。

このように各人が電波塔にもトラックにも新幹線にもなれる、それがこの時代の特色であると思いますが、また、**自分がどのチャネル・乗り物・伝え方が向いているのかを知ることもこの時代を生き抜くリテラシーの一つ**でしょう。

簡単に開運できる時代

開運特集！的な取材でお話しさせていただくことも多いのですが、〝運がいい人〟というのはやはり、たくさんのエネルギーを回している人のことです（回すのはいいエネルギー限定）。

ただ、今までの時代ではそういうたくさんのエネルギーを扱えるのは一部の富裕層、政治家、芸能人等に多かったのですが、前述のように今はスマホがあれば誰でも電波塔になれる時代です。

エネルギーをどれだけ回せるかが運の総量を決めるのであれば、あとは〝せっせといいエネルギーを回しつづければいいだけ〟なのです。

流す情報・エネルギーは自分が大元の一次情報でも、〝まとめ〟等の二次情報でも、リツイートでもなんでもいいのですが、誰かの役に立つ、面白い、感動できる、豊かになる、気づきがある、正確であるということが重要です。

〝自分の得意技〟が届け先の、画面の向こうの誰かに喜び、嬉しさ、感動を与えたなら、そしてそれがどんどん続けられることであれば、あなたの人生はおそらく勝手に〝開運〟していくこととなるはずです。

だとすると、これからの時代は〝みんなが超絶開運する時代〟であるとは言えないでしょうか！　みんなでいいエネルギーを回し合う。そうすれば、みんなに運の倍返しが起こり、全員が開運していくはず！

「なんだ、いろいろ言われているけれど、風の時代って実はすごくいい時代だなぁ」と思ってしまうのは私がどちらかというと楽観主義者的なポジションで物事を見ているからでしょうか……。

災害は「宇宙との不調和」

私は10代から20代にかけてイタリアに住んでいたので、イタリア語は馴染みもありますし、好きな言語でもあります。

実際、日常でもふとした時にぽろっとフレーズや単語が出てくることもあるのですが、言葉、言語体系には、その土地の人たちのメンタリティや、物事をどういうふうに見ているかなどの価値観がよく表れているもの。

例えば、フランス語で80は20×4で言い表されるとか、ドイツ語には名詞に男性、女性だけでなくて中性があるとか、イタリア語にはお花の水やりの時にしか使わない〝水をやる〟という動詞・単語があるとか、挙げればきりがないのでこのあたりで止めておきますが、その言語でしか言い表せないフィーリング・状態とかもあったりするので、言語や言語学はとても深掘りしがいがあります。また、言葉を知ればその国の精神や文化、物事の捉え方までまるっと理解していくこともできるので、言葉を学ぶということは非常に文化的な深みを伴う行為であると思うのです。

イタリア語の「天災」が示すこと

話をイタリア語に戻しますが、イタリア語では災害は〝DISASTRO〟といって、英語のdisasterの語源であるとされています。勘の鋭い方はもうお気づきかもしれませんが、このdisastroは分解するとdis-astroとなります。

disは否定・打ち消すもの、astroは星・宇宙なので（例／astrology：宇宙のロジック＝占星術、astronomy：天文学）、disastroは「星・宇宙の理と違うこと」というふうに理解できます。

つまり、**天災とは「宇宙の理や宇宙の意思と違うことをすると起こること」**というふうに理解することができるのです。

「災害を予知する」とか「災害を探知する」とか、世間では天災が必ず起こる前提で語られることが多いのですが、天災自体を起こさないということはできないのでしょうか？

前述の言葉の例のように、もし宇宙との調和が乱れた時に天災が起きるのだとしたら、

天災が起きる原因である〝不調和〟な状態を作らなければよいのではと思ったりもしますし、そして、全ての調和がとれた世界を作り上げることができれば、天災を抑止できるだけではなく、とても平和的な世界となるのでは？　と思うのです。

東洋思想的な話になりますが、「個にして全、全にして個」なのであれば、個々人がそれぞれの使命を生きていくことができたなら、全ての物事はまるっと収まるべきところに収まり、非常に調和的な世の中になっていくと思うのですが、どうでしょうか。

食べ過ぎたらお腹を壊し、油分が多いと吹き出物が出る、冷えすぎたら、あるいはばい菌が入れば、熱が出る……それらは普通に起きることです。

とはいえ努力や意識次第でそれらの原因を遠ざけることもできるように、人類が協力して、思慮深い循環を作り出すことができたなら、dis-astroではなく、**sin-astro（地球とシンクロしていく生き方）**になっていくのかなと思っています。

余談ですが、今でも地球とのシンクロ度合いの高い人や体感覚がもともと強い人は、地震を少し早く知覚したり、天気が変わるのが事前にわかったりしているはずです。

dis-astroを生み出す、〝宇宙との不調和〟が多くなるエゴファーストな、人の世界が最優先になりすぎた生き方や世界観、マインドセットこそが、これからを生きる人類が手放していくべきものなのだろうと思いますし、そういった状態からの一日でも早い解脱を願ってやみません。

CHAPTER 03

バイブスが共鳴する場所へ

バイブスを考えるうえで特に重要なのが、家や場所など自分の身を置くところ。その場所が発しているバイブスは、自分の中に知らない間に蓄積されて、自分をよい方向にもよくない方向にも変える力を持っているのです。また、このバイブスの力が強くなる風の時代には、住宅、土地、宿やホテルなどに人々が求める条件も、大きく変わっていくことになります。

自分を変えたいと願うなら、まず環境を変えてみる

万人に言えることだと思うのですが、もし本気で自分を変えたいと思うなら、一番てっとり早い方法の一つは「環境を変えること」ではないでしょうか。

人は周辺環境から無数の情報を受け取ります。例えば、今、あなたが座っている椅子。無自覚かもしれませんが、〝接触部分〟にはなんらかの感覚があり、意識するとそれが柔らかいとか硬いとか気持ちいいとか実はフィットしていないとかわかったりするものです。ほかにも窓の外に見える景色とか、そういうものも〝意識しては見ていない〟かもしれませんが、その景色があなたに伝える色の効果やバイブスはしっかりあなたに届いているのです。

無意識的か意識的に捉えるか。そこにあるのはそれだけの違いなのですが、脳は抜かりなくそれらを処理しているので、**無意識的に捉えたものもしっかりと脳内に蓄えられていく**のです。

情報化社会と言われる現代社会ですが、その意味ではこの社会はある意味ＮＯＴブレイ

ンフレンドリー。この世界はどうやら私たちの脳に負担をかけ続けるもののようです。

とはいえ、現状を憂えても仕方ありません。現代社会、とりわけ都市部での生活は脳負担が多いという事実をしっかりと理解し、意識的に〝無意識的に〟取り入れているであろうことにも目を向けてみることが大事だろうと思うのです。

自分＝今までの環境の中で意識的・無意識的に積み上げてきたデータの集合体。言い換えるなら、少々ファンシーかもしれませんが、「自分＝経験と積み上げてきた情報のミルフィーユ」などとも言えそうです。

これが正しいとするなら、環境を変えると、目から取り入れるもの、耳から取り入れるもの等々、〝積み上がっていくデータ〟が変わるので、ミルフィーユを構成する材料たちも変わっていきます。

そうすると、また新しいタイプの、異なるテイストを持つミルフィーユ＝新しい自分へと変容が進むこととなるのです。

そして、実はこのエクササイズは非常に高い即効性を持つものでもあります。

新しいものへと自分の人生を変えていく「気分転換」のパワー

環境を大胆に変えれば、あなたの人生は劇的に変化していきます。

一人でぶらりと旅行に行ったらなんだかすごく気分がよくなった。
引っ越してからやけに運気がいい。
髪を切ったら失恋なんかどうでもよくなった。
ハイクラスのホテルに泊まったら気分が上がり、モチベーションも仕事運も上がった。

このような経験がある人も多いと思いますが、フラッとどこかに行ってリセットしたり、知らないところを旅して〝ただの旅人〟となったりすることで気分を変える。はたまた、引っ越しや転職をすれば、あなた自身の波動が変わるので、直接的には関係のないことまでいろいろと変化したりするものなのです。

自分を作るのは自分のマインドです。ただ、そのマインドは環境に大いに左右されるものです。集中したい時に周りが騒々しいよりも静かなほうが集中しやすいとか、室内温度が高すぎると入眠しづらいといったことは誰でも経験があると思いますが、環境によってQOLも大きく変わりますし、また、それらが与える心地よさもストレスも長い目で見れば、人格形成、体調にも影響を与えていくものでもあります。

極論を言えば**〝自分〟と思っているものすらも環境によって作られたものである**かもしれません。それくらい〝環境〟は人生・暮らしに強い影響を与えるものなのです。

「どんな人生を生きたいのか」、これはきっと、多くの人が今、改めて自らに問うているテーマかと思いますが、「環境が人を作る」ということを意識すると、新しい角度からこのテーマを深掘りしていくことができるのではないでしょうか。

環境ファーストで考える。

それが理想の自分へと向かっていく最短達成コースのような気がしています。

環境とバイブス

いきなり私の話で恐縮ですが、私は2019年、300日くらいホテル暮らしをしていました。それも都内のホテルでレジデンス契約を結んで……といったものではなく、全都道府県制覇の旅をしていたためほぼ毎日のように宿を替え、いわゆる、ホテルホッパーのように約一年を過ごしたのです。

また、前著を執筆していた2020年は住まい周辺で大規模な工事が開始。それも一棟ではなく数棟連続してだったので、騒音と振動があまりにも酷かったことから、やむなくホテル籠りでの執筆となりました。この時は「どうせなら」と都外のホテルにも泊まってみたりしたので、期せずして私の脳内ホテルペディアは充実していくこととなりました。

ホテル選びの新基準

ホテルステイ中やその前年の旅の間に思ったことの一つに、「**これからは宿や住まいの**

価値や評価軸はきっと変わっていくだろうな」ということがありました。

ビフォーコロナの時には不動産の価値というのはその作りの堅牢さや食洗機付きといったような建物内部のスペック、そして「駅から徒歩数分」とか「下にスーパーあります！コンビニまで徒歩30秒！」といったロケーションにまつわるものが主たるものだったかと思います。

これがビジネスホテルだと「コインランドリーあり・ネット接続無料・駅から徒歩3分」等が〝売り文句〟としてうたわれていることが多いはずで、また、シティホテルとなると、デザイナーは誰それで、クラブフロアがあって、眺望がシティとシービューに分かれて……といったものが特徴だと思います。でも時代も変わったことですし、そろそろそれ以外の〝売り〟を推す、新感覚の住まい・宿・ステイ先が生まれてもいいように思うのです。

高級マットレス使用！　とかジャクジー完備！　といったラグジュアリー路線の強みを持つことも、セールスポイントとしてもちろん悪くはないのですが、そういった〝なんなら同じ系列ホテルならどこでも用意できるもの〟や〝お金で買えるもの〟ものではなく、これからの時代においては、むしろ〝そこに行かなくてはならない〟絶対的な理由といったものが、宿や住まい等に欲しいなと思っているのです。

単純に言ってしまえば、圧倒的な秘境感とか絶景といった環境的ストロングポイント、またはそこに来ることでしか体験できない何かを味わえる唯一無二のイズムを感じたり、学べたりするところ。

ホテル・宿・住まいが提供する**コンフォートの充実はもう土の時代に一定レベル以上に達成**してしまったので、そのパラメータについては私たちは十分満足していると言えます。そしてこれからはそれらコンフォート以外に**「我々がそこに赴く理由、そこに住まう理由」を感じさせてほしい**と思っているのです。

一旅行者として、また遊牧民的な生活を営む者として、わがままかもしれませんが、そういった住まい・ステイ先の選択肢が増えていくことを願ってやみません。

これからの住まい

水瓶座のパワーは流れを反転（リバース）させる力。

実際に2020年に始まった水瓶座イヤーの影響により、世界はその営みの進行を一旦停止。そこから色々なものが逆噴射、逆回転になっていったことはきっとまだ多くの人の記憶に新しいはず。

また、水瓶座は虚飾をえぐり、本質的なところまでギアを戻していく、フラット化を進めるサインでもあります。そのため、エッセンシャル思考が強まっていくと、どんどん原点回帰、本質への帰還の動きが進み、多くの人たちが中庸点へ戻るための舵を切っていき、〝過剰になっていたものたち〟が削ぎ落とされていくはずです。

住まいに関しても同様で、過剰に人口が集中していたところからは人が離れ、過疎になっていたところに人がまた戻っていくなど、人口分布的にフラットとまではいかずとも、それぞれの地域が許容できる適正値内に色々な数字が戻っていくこととなるでしょう。

また、原点回帰ということで、**もっとも特性を生かせる場所、または好きな場所へと各々が自分のタイミングで移っていったりもする**のではとも思っています。

例えば、高層ホテルが好きな人はホテル暮らしとか高層マンションで生活を送っていくのだろうし、二拠点を交互に行き来する人はそうなるでしょうし、長屋がいいという人は長屋に住んで、古民家ラブの人は古民家を改装して住んだりするといったふうに。

バイブスが共鳴する場所へ

とはいっても今ではまだ文化的なリソースはどうしても都市部に多かったり、都市部にしか仕事がないイメージも強いため、生活の基盤＝都市部という感覚が依然として強いことは否めないでしょう。

ただ、これからリモートワークや「必要以上に稼がなくても大丈夫」という、土の時代の幻想から解放されていく人たちが増えていくと、**郊外や自分がピンとくるところに住み始める人がどんどん増えていき**、それに伴って、都市部、郊外、地方にもそれぞれに最適化されたコミューンができていったりもするはずです。

しかも、特筆すべきはそれらニューエイジのコミューンとは、行政がトップダウンで主導したものではなく、水瓶座が「みんなで」とか「フラット」というバイブスを持つため、**横の繋がりが強い、真に民主的なコミュニティ**となっていくと思うのです。

人がその属性や収入によって住まう場所の選択の自由が制限されていた時代から、その精神性・思想・波動のタイプや感覚によって土地を選んだり、住まう国を選んだりできる時代へ。

これが土から風という時代の変化に起きる大きなパラダイムシフトのコアとも言えるものですが、これに従うなら、これから人は長い時間をかけてそういう**バイブスが共鳴するところを求めて、各々が移動していく越境の時期に入っていく**はずです。

ちょうど二つ前の風の時代にはゲルマン民族の大移動がありました。一つ前の風の時代にはモンゴル帝国が栄華を極め、そして、同タイミングで日本では鎌倉幕府が開かれ、また足利将軍が生まれて都の移動が繰り返されたように、今回の風の時代も何かと移動が多い時代となる予感がしています。

音・空気・眺望が〝資産〟となっていく時代

ここ数年、ＳＮＳ等でもよく見かけるようになったもののひとつにＨＳＰ（Highly Sensitive Person：超敏感気質を持つ人たち）という言葉があります。関連書籍も増え、書店等でも目にすることもあるので、きっとご存じの方も多いと思いますし、今これをお読みの読者の方々の中にもサイト等で診断をして、自分がＨＳＰであると認識している人もおられるはずです。

このように**敏感体質の人がこの世界に増えていっている**こと、そのこと自体が一体何を意味するのか。

昔はHSPとかそれに近しい症状名やタイプ分けがなかっただけで、近年になってそういったカテゴリーが誕生したことにより、HSPと診断される方が増えたにすぎない、別段、人口に占める割合は変わっていないという論もHSPにまつわる話の中には確かに存在しています。ただ、ここで大事になるのはその人口に占める割合もそうですが、〝HSP〟という概念や言葉が誕生したということではないでしょうか。

感受性が豊かな人たち。

彼らの比率が増えているかどうかは別にして、以前よりも「柔軟剤の匂いに耐えられない」とか「満員電車に乗ると吐き気がする」とか、「香水が臭くてお店に入れない」とか「シャンプーを使うと頭皮が荒れる」といったコメント・発言を多く見聞きするようになったことは近年のトレンドであり、紛れもない事実でしょう。

そう考えると、HSPの人たちの訴えが示すものはまさに地球からのメッセージであり、その真意は**音や色や陽光や空気や水といった〝何気なく摂取しているもの〟にもっと注意を払いなさい**というものではないかと思うのです。

そして、これからは〝目に見えないものが大事とされる風の時代〟が深まっていきますから、人の注意は今よりももっと「音・空気・水・光」といった根源的なものに寄せられていくのではないでしょうか。

現在でも、例えば、建築・不動産の業界では日照権といった、日の光を浴びるための環境にまつわる決まりがあります。

また、何デシベル以上の音は騒音とみなすなどという音についての決まりを示した騒音規制法もありますから、音に対する無神経さは時に争いの原因となり、訴訟問題に発展するリスクもあります。

眺めがいいところに行くと気持ちがいいとか、お日様の光が当たる部屋にいると昼寝がしたくなる……といったことは、きっと多くの人が経験したことがあると思います。

ただ、そういった〝なんとなく感じる気持ちよさ〟ではなく、人のバイブスが外部環境によってどれだけ変わるのか、土地の磁場のようなものが人の体にどれだけ影響を与えるのか、などが科学的に立証されるようになれば、不動産やその立地自体が、今までとは異なる評価軸で捉えられていくこととなったりもするはずです。

そしてそんな未来は案外そう遠くはないのかもしれません。

また、リモートワークが広まることもあり、どこでも仕事ができるようになっていくのがこの時代の潮流なので、毎日好きな景色を眺めたり、好きな空間にいたいときっと誰もが考えるようになるはず。唯一無二のもの、そこでしか得られないものが価値をより強く帯びるのがこの風の時代なので、そうなると絶景が望める場所に立つ家や窓からの景色がよい住宅街は今よりも当然、資産価値が上がったりもするでしょうし、また、借景が楽しめる土地やパワースポットの近くで〝いい気が流れる場所〟などはこれからますますその価格を上げていくこととなるのではないでしょうか。

環境が人を作る・人が環境を作る

You are what you eat.

——人は食べたものでできている——

という名言がありますが、近年、実はそれは住まいにも言えるようにも感じています。

You are where you live and how you live.

——**どこに住むか、どのように生きるかであなたというものは形成されている**——

――人は家なり。家は人なり――

といったふうに。

今まではどちらかと言うと食事や栄養素が健康やウェルビーイングにおいては注目されがちでしたが、実は人は視覚、聴覚、嗅覚、味覚、触覚といった五感で感じとる要素すべてで形成されているものです。そのように考えると、家というのは実は〝栄養素であり、自分を形作る基盤となるもの〟であるとも言えるのではないでしょうか。つまり、**家とは人が住まうものであるが、同時にそこに生きるものを育てるものでもある**と。

人は住まいによって変わります。

そして、時代の変化とともに、人と住まいの関係性の意識・マインドセットがシフトすることによって、住まいのクオリティや在り方自体もまた変わっていくはずです。

「家は一生に一度の買い物」といった価値観から、今はどんな家に住みたいか、どんなパワーを家からもらいたいか、どんなバイブスをその土地から吸収したいか。

これから、人と不動産との付き合い方は、そんなふうに今よりもう少し気軽なものへと変わっていくのではないでしょうか。

風の時代の住まい❶都市部編

人の生活の三本柱、衣食住のうちの一本である住まいは、雨風をしのぎ、外敵から自分や家族の身を守り、安心して寝られる場所という基本的な意味はもちろん、その人のあり方、マインドセット、文化文明、思想体系までをも如実に表すものでもあります。前項でもお伝えしましたが、車の選択等に各人のパーソナリティが垣間見えるように、家もまたその人となりや時代観や思想を表すもののうちの一つだと言えます。

土の時代を象徴する住まい

住まいにフォーカスを当てるなら、土の時代は非常にエポックメイキングな時代でした。

土の時代は、実は人類が有史以来初めて「高層物件」に住んだ時代。

それまで人類はマチュピチュ等「高地」に住んだことはあっても、海抜0とか10メートルなどのところに高さ100メートル超えの高層マンション・高層物件を建てて住んだことなど皆無でした。

出雲大社のかつての本殿は地上48メートルの高さであったとされ、高層建築ではありますし、また、鎌倉や奈良の大仏等も相当に〝背丈〟があるものですが、これらはお社であり仏であって、住まいではないのでここでは除外して話を進めていくこととします。

さて、建築・住居のほうに話を戻しますが、土の時代は〝積み上げていく時代〟でした。工法や素材、足場等に工夫を重ね、多種多様なパーツを積み上げ、組み上げていくことで高層建築物を建造し、人類は空に近い高層階に住むという自由を獲得しました。

土地を有効活用するため垂直に高さを足していくことにより、同じ広さの土地の中により多くの人が住めるようになったので、世界中で高層マンションが建てられ、また、極力同じような間取りでモジュール化することにより、設計費も現場の手間も材料費を抑え、時間・コスト・諸々を圧縮することにも成功。

その結果、

・職場と近いところに住まう、住職隣接を叶える
・見晴らしのいいところに住む
・同じ建物内にジム・スーパーマーケット・保育園があるメガ物件もあり、建物から出ず

とも諸事が完結する

・宅配ボックス・集合ゴミセンターといったユーティリティ性

・木造建築等では得られない高い防音・気密性

等々、利点もたくさんある現代的集合住宅が林立。東京であれば月島や豊洲や品川界隈のウォーターフロントに多くのタワーマンションが立ち並ぶ様を見ることができます。

〝寝るためだけの部屋〟の需要は減る

これからの風の時代にはこれらの〝土の時代に進化したものたち〟はどうなっていくのでしょうか。ここからはその集合住宅の命運にフォーカスして風の時代の住まい論をお伝えしたいと思います。

まず、基本となる〝住まいの定義〟ですが、住まいとはそこで寝起きするだけではなく、家族との時間を過ごす場所でもあるし、フリーランスの人や完全リモートワーカーであれば経済活動をする場所でもあり、また、ホームパーティを毎週のように開く人であれば社交場でもあります。そのことから、**住まいとは単一な用途を持つものではない、個々人に**

よってそのコアの捉え方にだいぶ差が出るものであるとも言えるのです。

また、今までの時代には珍しかったけれど、これからの風の時代には広く普及することに、リモートワークや、ノマドワーカー（居場所を固定しない）的な生き方があります。また、一部の国ではベーシックインカムが支給されたりして、自分の趣味や好きなことに没頭・従事することが容易になったりもするでしょう。

そういう変化が進んでいくと、オフィスに近いことや一階にスーパーがあること等の利便性が、必ずしも住まい選びにおける筆頭条件にはならないように思うのです。

とはいえ、そういった〝住まいを自由に選べる時代〟が進んだとしても都市に住む人は一定数いるはずです。また好きな場所を選んでいけるのがこの風の時代の特色だとすると、都市に住む人は本当に都市が合っていて都会の空気が好きな人のはずなので、そういう人たちをプロファイリングし、属性、嗜好等をリサーチしていくと、自ずと都市における不動産、住まいの新しい形というのも浮き上がってくるのではないでしょうか。

また、これからの**風の時代は〝内に向けてベクトルが向いている〟時代**なので、このコロナショックによって起きた**ステイホームの時代が終わっても、家で過ごす時間が多くなる**ことが予見されます。そのため、今までには存在した「主に単身者向けに多く作られた、風呂に入ってご飯を食べて寝る、仕事に行くためのベース基地みたいな住まい」の需要は減少するはずです。

さらに、若者を中心にＴｉｋＴｏｋとかＳＮＳ、ユーチューブ等での収入を得ている人も激増していますので、それなりの広さ、快適性、遮音性等を備えるなど、家に求められるスペックはこれからも高まっていくことでしょう。

そして、コロナ禍にウーバーイーツ等のデリバリーサービスが拡充したことによって、一歩も家から出ずに過ごすということもなんなら普通にできてしまうのが今の時代です。家にいながらＱＯＬを下げずにいかに気持ちよく過ごせるか、それを満たしてくれる物件こそがこれからの時代に求められる住宅の姿だと言えるのではないでしょうか。

風の時代の住まいは〝個性〟が大事

以前、住まいにまつわる仕事をしていたことがあるのですが、その頃からずっと思っていることがあります。それは、他国（特に欧州）に比べて日本は、均一的な仕様のものがとにかく多いということ。特に高層建築の場合、モジュール化して作っていく都合上、どうしても規格物を多く使う必要が生じるのは致し方ないのですが、それはあくまで売り手側・貸し手側の都合。これからは日本でも、もっと個性ある物件が求められていくように思います。

分譲なら買ってからいくらでもリフォームできますが、賃貸物件の場合、自分の好みに合わせて壁を壊して、水回りを全て替えて……など大胆な工事をする人は少数派のはずです。これからは賃貸物件であったとしても大胆に個性や特色を打ち出して、**「これでいいではなく、これがいい」というふうに積極的に〝選ばれる物件〟になることが重要**になります。

この思考に至った背景にはやはりこれからやってくる「水瓶座の時代」が「個性の時代」であるということがあります。水瓶座の一つ手前、山羊座の時代までは社会に私たちが合わせていました。なんなら尖った個性を押し殺し、社会の規範とか当たり前とか過去の慣例といったものに前へならえ！　をしていたのです。

ただ、これからはベクトルが今までとは逆となります。水瓶座のエネルギーは〝反転させる〟ものだからです。そうなると、これからは**会社・社会のほうが人それぞれの尖った**

個性に合わせるくらいになっていかないと、そっぽを向かれてしまったりもするのではと思うのです。

もうその予兆は各業種で出てきていますが、不動産・建築の分野でもそれは例外ではなく、「私は〇〇が好き」「僕は△△が好きかな」と作家やアーティストのことを評するように、多くのユーザーが家や建物についても積極的に「個性・色・特徴」を求めるようになっていくのではと思います。

〝意識高い系物件〟が主流に

また、当然のことですが、ずさんな工事、健康被害が出るような建材・塗装・マテリアル使いに対する風当たりやチェックは今よりもっと厳しくなっていくはずです。SDGs的な概念に沿っているか、環境負荷が少ないかどうかもこの業界も例外とはならず、大きく問われていくことでしょう。

住まいにまつわる意識が変われば、その建てられ方・設計思想も大きく変わります。

繰り返しますが、水瓶座の時代はこれからしばらく続きますが、本来水瓶座とは未来志向のサイン。**住まいについても購入時に「建物に誰も住まなくなったら」「50年後はどうな**

るの」などと思案を巡らすエネルギーをもたらす星座なのです。水瓶座はある意味、「今のみ」を生きていないので、〝これからのこと〟が大きくその思考体系には組み込まれていくこととなります。

例えばですが、マンションや家の購入・建築自体が〝未来に大きな負債・ゴミ〟を残す行為となるなら、人々は家を買わないという選択肢をとるかもしれません。または、完全に自然に還るマテリアルやアップサイクルした素材等を使っての建築や工法が流行り、一般に大きく普及するということもあるかもしれません。

例えば、建築界のノーベル賞ともいわれるプリツカー賞を受賞している建築家・坂茂(ばんしげる)氏の、基幹マテリアルとして紙を使うのが特徴的な工法や、神社等に多く見られる釘等を使わない宮大工の木組み技術のようなものが、究極のエコの一つの形として今後は大きくクローズアップされるなんていうこともあるかもしれません。

自分たちの行動、その一挙手一投足が後世にどんな影響を及ぼし、何を遺すのか。また、どんな負荷を地球や環境にかけるのか。

そういった包括的な視点がすべてのものごとに向けられるのが風の時代の最初のピーク

タイム（２０４４年頃）までの私たちの世界です。

そのため、２０５０年くらいになると、今で言うところの**〝意識高い系物件〟が建築の主流**となっていたりするかもしれません。

また**過去のレガシーを処理していくことも、後ほど詳しく解説する冥王星・水瓶座期間と、その次の冥王星・魚座期間の特徴**なので、日本全国に多数ある廃屋を壊したり再生したりする事業や、初期に建てられた大型マンションを壊し、公園にしたりする緑化事業のようなものが栄えたりしていてもなんら不思議ではありません。

風の時代の住まい ❷ 地方編

都会にあって地方にないもの、またその逆で地方にあって都会にないもの。

地方の特長はまず新鮮な食材、豊かな自然、広い土地、海とか山とか川が近いこと。そして、比較的土着のカルチャーが濃く残っていることが挙げられるように思いますし、また、ご近所との繋がりとかもそれに含まれるかもしれません。

そして地方にない（少ない）ものは、やはり都会ほどの規模や数の文化施設や芸術に触れられる機会ではないでしょうか。また、eラーニングが浸透すれば解決する可能性があることの一つに〝教育施設のバリエーション〟がありますが、習い事の選択肢の幅も含め教育に関しては、まだまだ地方と都会では都会に軍配が上がるのではと思います。身近な人たちに聞いてもやはりそのような声が多く、それが今の地方のリアルな姿なのでしょう。

こうして地方と都会を〝あるもの・ないもの〟という観点から比べてみたわけですが、実はここ10～20年は地方移住者が増えたことにより、**ハイセンスで緑豊か！ といった、**

両方のいいとこどりをした場所やコミュニティが各地に生まれ、独自のカルチャーを醸成しています。そういったコミュニティのなかでも八ヶ岳や糸島はすでに有名なところなので、実際に訪ねたことがあるとか、知り合いが移住したという人も多いかもしれません。

こうして都市部以外でも元都会人をきっちりホールドしてくれるような場所が増えていき、リモートラーニングやテレワークがもっと拡充すれば、自ずと移住者や多拠点生活者も増えていくはず。そしてそれが一世代ぐらい進んでいくと都会と地方を分かつ垣根や分断が薄れていき、気づけば〝上京〟とか〝都落ち〟みたいな言葉が自然となくなっていくのではと思うのです。

都会と地方との境目が薄くなる

このように都会から人口が流出すれば、美術館も人の後頭部ばかりを見るでなくきちんと作品を鑑賞できるようになり、映画館も満員の状態で観るということもなくなったり、満員電車が過去のものになったりして、生活のストレスは大幅に減少。そして都会生活における最大の障壁とも言えるもの、地代・家賃が下がるとそれに連動して管理費・共益費が全体的に下がるので、**〝本当に都会が合っている人たち〟には都会もまた住みやすい場所**

になっていくように思います。

また、都会では社員が出社しないオフィスの解約も増えており、このままリモート生活が進んでいくと、都会でないと就けなかった仕事に地方にいながらにして従事できるようになったりもして、地方の人からすると職業選択の自由が増えるといった好循環が生まれたりもするのではと思います。そしてその際に都会の給与水準がキープされるとするなら、それなりの可処分所得が得られるはずなので、結果、**消費が進み地方経済が潤い、ますます地方と都会の差が薄れていくこととなります**。

２０２１年現在はまだ明らかに都会（特に東京）に「人・もの・こと」が集中しているので、その存在が大きく目立っていますが、これからは水瓶座のバイブスによって〝均さ(なら)れていく〟ので、だんだんとその差が薄くなっていくように思うのですが……。

さてこの地方・都会問題は一体これからどうなっていくでしょうか。

個性ある街・村落たち

これからは〝個性の時代〟であるというのはこの本のみならず、風の時代を語るうえではもはや外せないテーマだと思うのですが、それは人だけではなく、市町村といったくくりにおいても同様です。

例えば、海外ではミシュランの3つ星レストランは郊外にポツンと存在していたりしますが、そこ目がけて世界中から美食家が集まってきますし、また、南欧には世界遺産サンティアゴ・デ・コンポステーラの巡礼路があります。ここも世界中から巡礼者がやってくることで有名で、その数百キロにも及ぶ道自体が旅人を呼ぶ装置になっていて、経済圏であり、かつ、旅人たちの交流の場にもなっているのです。

これらの例のように、**個性が際立つ村落・道・パワースポット**はこれからもその輝きが人々を惹きつけ続けるでしょうし、また、その場所がどれだけ辺境の地でも、行きにくい場所であろうとも、きっと**〝本物〟の場所**であれば、旅人が旅人を呼び、知らないうちに人気スポットになっていたり、また独特のファンコミュニティがそこに形成されていたりするのではないでしょうか。

また、風の時代本番となるこれからは、きっと世界中にそういった場所が増えていくのではないかと思っています。

海外の話ばかりでリアリティに欠けると思われる向きがいらっしゃるかもしれないので、ここで、国内の例を一つあげたいと思います。

私が個人的にも好きでゲストにも胸を張ってお勧めできる宿に「ベラビスタ スパ＆マリーナ 尾道」があります。

尾道や福山の駅から車に乗ること約30分で到着する、丘の上の宿。全室オーシャンビューで瀬戸内海の絶景と繊細な料理を楽しめる名宿ですが、ただ、周りには本当に何もなく、辺境の宿と呼ぶにふさわしいホテルであり、旅の目的となるホテルだと思っています。

また、私は場所をホテルや宿、ランドマークと紐づけて覚える癖があります。

以下、例をいくつか挙げてみますと、

尾道＝ONOMICHI U2
（尾道市）福山＝ベラビスタ スパ＆マリーナ 尾道
静岡＝日本平ホテル
秋田＝玉川温泉

といった具合です。

さすがにこれらの例は極端かもしれませんが、それぞれの土地がなんらかのランドマークとか、**ここといえばあれ！　みたいな〝代名詞〟と言えるものを持つことはこれからの都市・街の生存戦略において必須項目**となるような気がしてなりません。

デスティネーションたり得る場所

宿の話と似ているのですが、例えば佐賀県武雄市にはＴＳＵＴＡＹＡやスターバックスコーヒーを手がけるＣＣＣ（カルチュア・コンビニエンス・クラブ）が運営する図書館があります。非常にスタイリッシュで格好いい建築物に蔦屋書店とスターバックスコーヒー。

最近巷でよく目にする組み合わせですが、なんとこの図書館は公立の図書館としては珍しく休日は駐車場に車が入れないほど混雑しているのです。

市立図書館でしかも人口が5万人弱規模の市でそれほどの混みようを呈するところは、申し訳ないのですが、私はここ以外には知りません。一市立図書館が〝旅や家族の団欒の目的地〟になっている。他の市立図書館等の運営状況を見ると（特に他地方都市の）、これは本当にすごいことではないでしょうか。

また、私の地元・香川県には父母ヶ浜（ちちぶがはま）という浜があり、近年、日本のウユニ塩湖とも称され観光名所化しています。風や天候の諸条件が揃えばという条件付きではありますが、ボリビアのウユニ塩湖のように鏡面反射する、そのロマンティックな光景を求めて全国から人が訪れています。少し前にはただの浜だったところが今ではれっきとした〝旅の目的地〟になっているのです。

これからは旅も住まいもそこでどんな経験ができるのか、どんな生活が待っているのかといったことにさらに力点が置かれる時代になっていくはずです。

利便性よりもそこにどんな感動があり、どんなふうに自然との共生が叶うのか。

これからはそういったオンリーワンの経験ができる場所が全国に、いや、世界に増えていくことと思いますが、ただ、それは**〝商業至上主義のマインド〟からは生まれない**と思っています。

どこか利益を最優先に求める思想やアクションからはやはりそういった波動が染み出し

て、結果、クリアであることを好む層、それはきっと感度の高い風の民かと思いますが、そういった人たちからは受け入れられないと思うからです。

この本でも何度も申し上げていますが、〝バイブス〟が伴わないと波動の共振も生まれず、結果、そのよさ等も伝わらずに不振に終わっていくので、やはり必要となるのは**真心コミュニケーション**であろうと思うのです。

また、よく言われることですが、文明の利器はお金で買うことができても、文化は売り物ではないので買うことができません。

文化とは空気であり、纏うものであり、また、感じるものであると私は思っていますが、文化こそまさにプライスタグのつけようがないものの筆頭格。

土の時代には文明が進みました。そしてこの新時代においては、それら文明の利器を用いたりしながら文化を紡いでいく、それが**文化創造を担う風の時代**の本質でもあると思っています。

風の時代に価値を持つ土地

例えば銀座や表参道の土地の価格が高いということは皆さんご存じかと思いますが、それはその場所にそれだけのブランド価値や集客のポテンシャルがあるからでしょう。

銀座という土地が最上のものを引き寄せ、そこに最上の顧客が集まる。そうすると、富のストリームがそこに生まれて、土地の価格（坪単価等）が上昇していく。そうすればそこにはその家賃を払えるような事業・お店しかテナントとしてやってこないので、またその富気（ふき）ストリームは濃厚になっていく。

これが富気の集中（コンセントレーション）とも言えるものかと思いますが、これは非常に土の時代的なものではないかと思っています。

人が作りし土地のバリュー

銀座の土地の価格が高いのは、つまり、銀座が価値ある場所とされているのは、人の世界の中で人が作り出した経済のスケールで見ていった場合に〝優〟とされているから。銀座の土地とある地方の土地の一角。それらの平均坪単価は象と蟻くらいも違ったりするはずで、地方で一戸建てを建てられるくらいの予算があったとしても、銀座ではせいぜい犬小屋ぐらいしか買えないかもしれないというのは実際よく聞く話でもあります。

でも、よくよく考えるとこれはなんとも滑稽で面白い話だとも思うのです。

地球儀を回して日本を見てみましょう。せいぜいそのサイズは数センチから地球儀によっては数ミリかもしれません。その地球儀の中で、日本の銀座とその地方の土地は数センチ、数ミリくらいしか離れていないかもしれません。でも金額は天と地ほど違ったりするのです。

とはいえ、ここではその〝経済的価値〟を否定するわけではありません。最近まで私たちがいた時代は〝土〟の時代というくらいだから、土地に値段が付くのはある意味当然のことですし、その土地のポテンシャルやブランドによって、市場価値が変わるというのは至極普通のことです。

ただ、それも風の時代が進んでいくときっと変わっていくのではないでしょうか。

実際、一部ではその兆しは見えているような気もしますが、これからは**〝人が作りし土**

地のバリュー〟といったものに人類は必要以上に振り回されなくなるのではないかと思うのです。

土地に宿る〝気〟の価値

もちろんこれは例ですが、あなたが世界一のお金持ちだとしても、ニューヨークの夜景を買い占めることは不可能だし、瀬戸内海の多島美（たとうび）をその手中に収めることもできません。島自体を買っていくことはできても、人々がそれらを眺めることを禁止することは不可能でしょう。

また、神聖な空気が漂う場所自体を買うことはできても、そこから浮き上がる気のようなものを移動させることもきっとできないでしょう。神気という表現が合っているかどうかは別にして、その気とも言えるものは、山、川、湖、巨石等に宿るものであり、それはきっと購買の対象になるようなものではないのでしょう。そして、これからの風の時代とはそういった**目に見えない・独占できない・買えないものや土地がさらに価値を高めたり、評価をされたりしていく**時代になると思うのです。

この時代、人は徐々に宇宙性に目覚めていくはずです。

人も宇宙の一部であり、地球と呼応して生きている存在であるということに気づいた人たちから、個にして全であることを体得し、結果、エゴイズムに基づく所有や消費、乱獲、過剰生産を控えていくようになっていくでしょう。

そうなれば、きっと古代の昔から言われてきているように土地にも再びイヤシロチ（気のよい土地）、ケガレチ（気が悪い土地）といった概念が復活し、地球との不協和を作る元凶となる乱開発等も減っていくのではと思っています。

土の時代の最初の頃、アメリカではゴールドラッシュ（金脈を狙って一攫千金を夢見る採掘者が殺到すること）が起きました。今回の風の時代のそれはきっとゴールドではなくて、上記の通り、**神聖な風・気を求めて人々が動く**、セイクリッドラッシュ／ディヴァインパワーラッシュになるように思います。

都会を離れてホーリープレイスへ

風の時代はセンシングの時代（知覚する時代）であり、内側を探究していく時代であるとすると、これから200年以上をかけて人類は、今で言うところのハイパーセンシティブな状態となり、ニュータイプ化が進んでいくことでしょう。

そうなれば、現状のような都市の様相では新人類たるニュータイプには、だいぶノイジーな生活環境となるはずで、相当なノイズキャンセリング処置を施さないとそこに暮らせなくなったりする可能性があります。

また、身体感覚が上がっていくと自然が多いところや、古代に存在したストーンサークルが点在するような〝何かが降りてくる場所〟に自動的に引き寄せられていったりして、結果、その近くに定住したりするかもしれません。

そうして、土地の価値が商業的価値やブランド価値から、**ピュアな波動、イヤシロチ的な波動がそこにあるかどうか**といったものにこれからゆっくり時間をかけて移行していくのではないかと思っています。

CHAPTER 04

［2024-2044］

冥王星が導く この先の20年

時代の背景を司り、破壊と再生をこの世にもたらす天体「冥王星」は、２０２１年現在は山羊座の部屋にいますが、２０２４年からは水瓶座に移動。その後20年間そこに留まります。水瓶座は宇宙や大きな革命を暗示するサイン。過去の冥王星・水瓶座期間に起こった重要な出来事を検証しながら、これからの20年に起こり得る様々な「破壊と再生」、そして「進化」を予測していきます。

時代軸を大きく動かす冥王星

時代は〝風〟になり、数ヵ月（2021年7月現在）が経ちました。世界は変わったような、変わっていないような……。人によってその捉え方や価値観の変化は様々かと思います。

早い人ですともう風の時代仕様になっていて、なんならどこでも仕事ができたり、定住すらしていなかったりもするかもしれません（注意：定住しないこと＝風の時代仕様という意味ではなく、住まいの選択も自由になるという意味で用いています）。

また、これから大きな変化を起こす！　とか、移住するとか、多拠点生活をスタートするとか、本業以外にも副業を始めるとか、なんならライバーを目指す！　といった方もいらっしゃるでしょう。

時代の節目。

それも**産業革命や関ヶ原の合戦のような、大きな大きな時代の節目**。そのような時代の節目というのは頻繁に来るものではありませんが、ある一定の周期性を持ってやってくるものです。

そしてその**節目の周期というのは、ミューテーション（グレートコンジャンクションが起こるエレメントが変わること）の周期と酷似**していて、ミューテーションが起こるごとに時代のキードライバー・主権者が代わることが過去の歴史を振り返るとわかるため、その周期である200～240年ごとに時代は移り変わっていくというふうに捉えることができるのです。

と、ここまでは前著や私のブログ等でもお伝えしていますが、今回は**もう一つ存在する、〝時代の背景を司る〟天体**をご紹介したいと思います。

その天体とは占星術で用いられる10天体の最後の星・**冥王星**です。

冥王星が乙女座にいた時に起きたこと

占星術の世界では冥王星は蠍座の守護星とされており、〝破壊と再生〟を司ると言われています。その公転周期は248年と非常に長く、太陽を回る軌道が若干歪んだ楕円をとるため、12〜32年かけて一つのサインを進んでいき、次のサインへ（牡羊座の部屋から牡牛座の部屋へ、など）移ります。

均すと**20・7年（248年÷12サイン）の間一つのサインに滞在**し、その間に**〝各サインが担当する領域〟に破壊と再生を促していく**こととなります。

例えば、乙女座はインフラ・プラットフォーム・基盤・健康・システムを表すサインで、冥王星は1957〜1972年に乙女座にいましたが、ちょうど1961年に日本では国民皆保険制度が始まっています。また、1964年10月には新幹線が登場し、日本の東西の移動時間を飛躍的に短縮。フランスのTGVよりもドイツのICEよりも早く、世界に先駆けて高速鉄道が実用化されました（続けて1975年には博多まで延伸）。そして乙女座が司る領域には〝健康〟というものもありますが、ちょうどこの時期は高度経済成長の負の遺産として公害病が問題となった時でもあったのです。

ここではすべてを列記はしませんが、その頃の歴史を調べると他にもたくさんの〝インフラ・健康系〟の事例が多いことに気づきますので、そのことからも冥王星が陰で問題点を刺激するなどして、時代を刷新していたことが窺い知れます。

冥王星・射手座期間の始まりは阪神大震災

また、プレ冥王星・射手座期間は1995年1月17日からスタートしているのですが、今30代以上の人であれば、この日のことは誰もが明確に記憶しているのではないでしょうか。

そう、この日は阪神・淡路大震災が起きた日です。

冥王星は前述の通り、12〜32年という比較的長い間一つのサインに滞在する星です。**その星がスイッチする時、わかりやすい時代の移り変わりを示す〝何か〟が来る**とはされていますが、まさかこのような形で来ようとは……。

私も長く星の研究に携わっておりますが、星を知ることはまさに沼にハマるようなもの。知れば知るほどに、この世で起きていることと天体の動きのシンクロ率の高さに慄（おのの）くばかりです。

話は射手座に戻りますが、射手座期間はその後2008年11月27日まで続いたわけですが、この間、香港の返還、ダイアナ妃死亡、コソボ紛争、2000年問題、EU発足・統一通貨ユーロ使用開始、アメリカ同時多発テロ事件やリーマンショック、マドリード・ロンドンの爆破テロ、イラク戦争等々、〝海外・外交〟にまつわる諸事が多く起こりました。**射手座のキーワードは海外・旅・通商・外交・法律・政治的問題・ポリシー・イデオロギーにまつわること**となっていますので、こうしてこの時期のことを掘り返すと〝射手座的なもの〟が多く発生していたことがわかります。

冥王星はこうして、〝I am〟のサインである牡羊座から〝I believe〟の魚座まで、すべてのサインを順に巡り、それらの領域に残存する過去の遺物を徹底的に壊し、再生の余白をこの世界にもたらします。そして、冥王星がリセットした土壌から当代風のキャラクター・リーダー・ライフスタイル・メディア・芸術・教育といったものが、新たに起こっていくこととなるのです。

今現在、冥王星は山羊座に

1から12までの輪っか（1番手・牡羊座～12番手・魚座）。

その輪っかを冥王星が一周していくと、破壊の神によりすべての領域はスクラップ&ビルド、新生され、〝世界はまるで別のもの〟になっていきます。

例えば、一度、風の時代の中で冥王星が水瓶座にやってくれば、次に水瓶座の部屋に冥王星がやってくるのは、次の時代である水の時代になってから。ということは、「**冥王星が入る領域は200年に一度の大規模工事が行われている**のだな」などとも言えそうです。

ちなみに冥王星は、2024年11月までは山羊座の部屋に鎮座しています。そうなると〝破壊と再生〟が促されるのは山羊座の担当領域であるということとなりますが、**山羊座は社会を表すサイン**なので、シンプルに言ってしまうなら**〝社会・世界観みたいなもの〟が変わる！**　と言えそうです。さて、実際はどうでしょうか。

冥王星・山羊座期間：2008年11月27日〜2024年11月20日

山羊座が表すのは社会であり、権力や社会の構造といったものなので、冥王星の風が強く吹くこの時期には**各ジャンルのトッププレイヤーたちが入れ替わっていく、一時代を築いたもの・こと・人たちの新旧交代のようなことが起こる**とされています。

トップアスリート、トップ経営者、アイコンとなっている人たちなど、いわゆる〝強者〟

といわれる人たちがその座を降りたり、また、キャリアチェンジや在り方を変える〝アイコン像〟の変化自体が、民意や人々の社会意識、ひいては価値観を大きく動かしていくなんていうこともあるでしょう。

ただ、変わるのは人だけではなくて、山羊座＝社会ということからも想像していただけるとおり、変わるものの中には組織も含まれるはずで、〝大手〟といえども例外ではありません。また、企業や組織、政治家・政府・法律といった〝強者・強権〟も変容していくもののリストに列記され、時代の波に沿うような形で順次シフトをしていくこととなるのではないでしょうか。

また、**この時期には力の構造がひっくり返るようなことがある**という暗示も出ていますので、思いもよらないような職種が時代のトップランナーとして台頭してきたり、また、意外すぎるスキャンダルが表に出てくることでその力を失うものが出てきたりするかもしれません。

平家物語の冒頭にある諸行無常、盛者必衰。そういった新陳代謝が各業界で進んでいくのがこの冥王星・山羊座期間の特徴でもありますが、〝枯れていく〟ほうもまた、やり切った感があり、肩の荷を下ろせたような気持ちがしたり、安堵したりもするのではないでしょうか。

ちなみに山羊座はタロットカードでいうと悪魔のカードと同一視されるサインです。悪魔というとなんだか怖い印象がありますが、実はそのカードが示す真意とは〝欲求〟であり、時に欲求に飲まれたり、またその逆に真なる望みを明らかにしてくれるものでもあるのです。

そのため、この時期には欲求の詰まったスープ鍋がぐわんぐわんかき混ぜられて、鍋の底に溜まっていた〝何か〟が浮上。遠心分離機に掛けるように攪拌を続けていくと上澄みと底に溜まっていたものにしっかりと分離し、その結果、本当の欲求（魂が求めるもの）とそれ以外のもの、たとえば執着や承認欲求を埋めるためだけのものに、私たちの中にある希望や願望が分かれていくこととなるはずです。

未来を知るために過去を振り返る

２０２４年11月には、冥王星が山羊座から水瓶座の部屋へとシフトします。そうなれば、水瓶座のエネルギーが世界の土台を作っていく時代へと突入するのですが、ここで気になるのは、水瓶座の時代とはいったいどのようなもので、一体どんな〝色〟を持つのかということではないでしょうか。

未来のことを思い描くにしても、可能な限り資料が多いほうが精度は増すはずですし、また、なにごとにも準備や手がかりは必要です。そのため、ここでは水瓶座のキーワードを深掘りするだけではなく、過去に冥王星が水瓶座の部屋にいた時のことを振り返りつつ、そこから得られたヒントをベースに未来の妄想を展開してみたいと思います。

前回の冥王星・水瓶座期間に起こったこと

年表で調べると、１７７７～１７９７年の20年間が前回の冥王星・水瓶座期間だということがわかります。

この間、世界と日本で何が起こっていたか。ここでは代表的なものだけを挙げていきますが、アメリカの独立戦争、フランス革命、ハワイ島の発見、世界初の熱気球による有人飛行、水の合成に成功、寛政の改革……など、ざっと目を通すだけでもこの時期の出来事はだいぶアヴァンギャルドなものが多いことがわかります。

また、数ヵ国が独立したり、新発明・発見が頻発したり、さらには、ナポレオンやモーツァルト等の天才の活躍が目立つのがこの20年の軌跡です。

水瓶座は独立心、革命的アクション、神々の力等を暗示するので、この時期には**独立や分割、合体等の輪郭線の変更**等、まさに水瓶座の領域にまつわることが多々起こっていることがわかりますし、また噴火や地震など〝人の力を超えるもの〟も頻発していたことから、水瓶座の象徴する〝**超越的なパワー**〟どおりのことが起きていたりもするのです。

これらのケースだけを見て、「これから冥王星が水瓶座に入ると同じようなことが繰り返されるでしょう」というのはあまりに早計ですが、とはいえ、実際に、今の時勢を見てみると、「社会をなんとかするにはやはり新しい何かを投入することが必要」という意識は、医療・薬事でも政治でも経済でも大いに感じられるところではないかと思いますし、また、何らかの〝テコ入れ〟をしていかなくてはならない状況なのはもはや誰の目にも明らかでしょう。

そして、それを一部の人たち、マイノリティだけではなくて、マジョリティもそのように感じ始めているのは疑いようもない事実かと思います。

革命の狼煙(のろし)が上がる時＝水瓶座に冥王星が入る時。

その時まではあと3年ほどありますが、今のタイムラインを鑑みるに色々なところに生じている小さな亀裂が大きな裂け目に発展するのに3年もの時間はかからないのではと思っています。

冥王星が求めるのは大いなる刷新

1700年代後半は歴史的に見ても大きな出来事が頻発しました。出来事的にいうなら〝当たり年〟が連続している時であり、またそれは〝変化が多い時期〟であるともいえるでしょう。

ちなみにもう一つ前の冥王星・水瓶座期間である1532〜1553年にはルターの宗教改革の広まり、インカ帝国の滅亡、人類史上最悪の地震（中国）、コペルニクスの地動説の発表、種子島への鉄砲伝来……等があり、こうして革命的な出来事が続いていることを見ても、やはり**これからの約20年（2024年〜）は何やらいろいろな方面での方向転換や価値観の刷新があり、新機軸が打ち出されそう**だと思われますし、また、昨今の状況を見ていても**今までの常識が崩れていく展開**が我々を待ち受けているような気がしてなりません。

もちろんそういった変化を嫌う・苦手とする人たちもいるでしょう。また、できることならビフォーコロナのような状況に戻りたいと願う人もいらっしゃることでしょう。

ただ、時代は巡り、世界は日々変わっていくことはきっと永久不変の真実で、世界の理とも言えるものだとするなら、たとえ変わりたくなくても我々はこの変化の波から目を背けたり、逃げるわけにはいきません。

人類の叡智や想像力。それらはこの変化に対応するために授かっているはずで、また、それらはこういった大きな変化に向き合う時に鍛えられるものであると捉えると、難局や変化に向き合うことこそが大いなるものからの試練や課題に向き合うこと、つまり〝スピトレ〟と言えるのではないでしょうか。

2024-2044 水瓶座の時代
——冥王星による革命ラッシュの予感

水瓶座は宇宙を暗示するサインであり、大きな革命を示すサインでもあります。

前回冥王星がこの水瓶座にいたのは1777~1797年の間。前述したとおり、この時期にはアメリカの独立、フランス革命が起きていますし、また日本では松平定信による寛政の改革が進み、水瓶座生まれの天才・モーツァルトがその天才性を遺憾なく発揮、音楽の世界に新風を巻き起こしました。

また、〝水瓶座の支配星〟である天王星が発見されたのは1781年なので、ちょうどこの冥王星・水瓶座期間の最中にこの天体が発見されたのはなんとも面白いシンクロ現象かと思います。

そして、もうすぐ始まる風の時代における冥王星・水瓶座時代には一体何が起こるのか。

この本を書いているのは2021年で「冥王星×水瓶座の扉」の開門の時期の少々手前であることから、数年後の未来のことをピタリ！　と言い当てるのは難しくはあるのですが、以下、起こり得ること・想定されることを述べてみたいと思います。

占星術になじみのない方のために再度冥王星についておさらいをしますが、まず忘れてはならないのは、**冥王星は容赦なく刷新のメスを振るってくる**という特徴を持つこと。そして、**一旦何かを無に帰すパワーを持つ**ということではないでしょうか。

「バベルの塔」というとなんだか怖い響きですが、何かを手放すから何か新しいものをその手につかめるというのはよく言われていることでもありますし、実際に「スクラップ＆ビルド」はこの世の必定(ひつじょう)でもありましょう。

また、進化・流転していくのが万物の生命リズムに組み込まれているとしたら、その時その時に合ったステージというものも必ず存在するとも言えます。

例えば、普通であれば小学校が終わったら中学校に進学します。いくら小学校が楽しかったからといって、そのまま6年生でい続けることは不可能でしょう。

そうやってアップグレードされたステージに巡り合わせてくれるのが冥王星であり、その役割であると捉えると、なんだか〝厳しそうな試練感〟も若干和らぎ、冥王星が巡る時はグレードアップの時！　などと、ゲーム感覚で人生を攻略していく感覚が得られたりはしないでしょうか。

ＩＴと〝天才〟が広げる人類の地平

冥王星の解説に続いて、ここからは水瓶座の領域において〝破壊と再生〟が行われる対象とテーマは何なのか、ということについてお話ししたいと思います。占星術はその性質上、読み手によって解釈がばらけることがあるので、諸説ありますが、私は**冥王星・水瓶座期間に刷新されていくものとは、「宇宙とＩＴ」**だと思っています。

わかりやすいのでＩＴからお伝えしていきますが、ＩＴ（Information Technology）はここ数十年、人類が特段に力を入れて進化させてきたテクノロジーの一つです。

ＩＴは直訳すると、情報技術となりますが、風の時代は情報の時代ですから、星のセオリーに照らし合わせてみても、この時代においてこの分野が大きく進化、改革されていくのは至極当然だと言えます。

また、10年ほど前はよく見かけた言葉に「ユビキタスネットワーク（いつでもどこでも繋がり情報が得られる状態）」というものがありますが、３Ｇを経て４Ｇとなり、通信速度と通信環境やデバイスが進化した今では、職種・老若男女問わず、多くの人がこのハイパーネットワークの恩恵を受けて、買い物、仕事、動画等の視聴、配信等々、もはや〝生活に欠かせないもの〟となっているはずです。

そのように、著しく進化したIT分野ではありますが、この冥王星・水瓶座時代はあと20年もあるので、この間にこの分野にまつわる全ては大きく変容し、今の私たちには想像もできないものを見せてくれるのではないでしょうか。

例えば、今世間で騒がれている5Gですが、安全性が云々ということはさておき、その超大容量データ通信網とそれを生かしきるサービス等が実用化・供給され始めれば、各国のテック業界で言われているように、オンライン会議等のシーンで音声・動画の通信ラグがなくなるといったレベルではなく、リモートオペ（外科手術）やドローン等での配送、自動運転等の進化に寄与するなども可能になり、結果、**今よりももっと〝場所を選ばない〟暮らし方ができるようになる**はずです。

そして水瓶座は〝超越〟していくサインでもあることから、人々は働く場所、暮らす国、固定化された生活様式等々を超えて、どんどん自分の好きなツールを使って、好きな場所で暮らしていくことができるようになっていくのでしょう。

また、2027年には宿命を表す座標と言われるドラゴンヘッドと冥王星が重なることもあり、**〝今後の方向性〟を大きく変える大発明や大発見・大どんでん返しが起こる**可能性もあります。人類の地平が大きく広がっていく暗示があるのがこの頃の星回りなので、例えば、今までOKだったものがそうではなくなったり、また三段跳び的な技術革新が起きたりもしそうです。

水瓶座は宇宙的な意識・博愛主義を表すサインでもあるので、この時期には〝体制〟が窮地に陥るようなデモとかちょっとした革命的な出来事が起きるなどして、まさに〝刷新〟といった空気感や新しい世代のヒーローたちが生まれてくるような気配があります。

そして**水瓶座とはもっとも天才を輩出するサイン**でもあります。そのため、多くの天才たちが人々を牽引。彼らが一気に、とはいえ、平和的な方法でサイレントに、これからの時代を変えていく……そんなことがこの時期の地球には起こるのではないでしょうか。

次に2032年。この年に一周してきた木星が再び水瓶座に入り、冥王星と重なります。結果、水瓶座の意味が相当に強調されることとなりますから、マイノリティやサブカルといったところがフィーチャーされたり、過去において〝力を持たなかった国や地域・組織〟がクローズアップされて、一気に時代の寵児・スターダムにのし上がり頂点に君臨する！なんていうことも考えられます。

一般人も宇宙へと導かれる

また、水瓶座の管轄でもある〝宇宙〟についてですが、ちょうどこの頃、２０３２年に木星が冥王星と重なる前後頃から、宇宙開発・開拓が大きく進化し、人類と宇宙の関係が変わっていくのではと思います。

その理由は「拡張の暗示を持つ木星と、極大化する冥王星が、〝超越していく〟水瓶座でタッグを組む」から。それはとうとう〝**星たちは人々を宇宙に導く**〟と解釈してもよいのではないかと思われるのです。

ただ、これは星やサインが持つ意味を方程式のように組み合わせただけのもの。

拡張×極大化×宇宙＝人類と宇宙の距離感が変わっていく、といったふうに。

これはあまりにも星に寄りすぎていたり、前衛的な見方すぎるかなと私個人も思っていたのですが、ちょうどこの本の執筆時、ある意味、この未来のタイムラインが現実になるのではと思わせるような出来事が起こりました。

それは、ある私人（私人とはいえ世界有数の富豪ですが）たちが宇宙旅行をするというものでした。

SNS上で話題になったりもしましたのでご存じの方もいらっしゃるでしょう。かつてはNASA等の機関で働く公人でなくては宇宙に行くということは叶わなかったのですが、今ではその流れもシフトチェンジ！　私人でもお金さえ出せば（とはいえそれなりのコネクションは必要だと思いますが）宇宙に行くことができるようになったのです。

ちなみに中国の干支もそうですが、星の世界では12年がワンサイクルだとされています。この12年という年月が〝最先端のものを普通の物事へと変えてくれる〟のだとしたら、あと12年もすれば、**〝宇宙に一般の人が飛び出していく〟のは意外と手が届く距離にある**こととなり、人生で叶わぬ夢の一つではなくなってくるように思うのです。

つまり、占星術的な計算が合っているとするなら、今から、12年後の２０３２〜２０３３年頃には一般人も続々と宇宙に飛び出していき、それほど間をおかずして民間の宇宙旅行が一般的になったり、宇宙開拓のブームがスタートしたりすると考えられるのです。

CHAPTER 05

200年後、水の時代へ「風と宇宙の未来予測」

２００年続く風の時代の次にやってくるのは、水の時代。風は、次なる水が示す方向性に向かって進化をしていくことになります。この章では、２００年後の水の時代の未来人の視点から、風の時代の進化を振り返るという趣向で、三つのストーリーを展開。かなり奇想天外な話にはなっていますが、例えば、２００年前の江戸時代から現在までの進化を考えたら、大いにあり得るとも言えるのではないでしょうか。

200年後までの未来予測

ここまでは新時代である風の時代のことを星のセオリーをベースにして、風の時代の〝入り口側〟から時代予測をしたり、解説をしてまいりました。

前著も含め、土の時代から風の時代にシフトすると世界はどうなるのか、風の時代にはどういった人たち・産業が時代の中心となっていくのか等を紹介してきましたが、ここではある意味それとは真逆の〝出口側〟、つまり風の時代の終わりと次の時代である「水の時代」の始まりの頃から回顧してみた風の時代論を展開してみたいと思います。

ただ、いくら星の世界のセオリーが時代の動きや起

時代

土の時代

2020

こり得ることに当たりをつけることができると言っても、その当たりをつけていく本人（つまり私）は２０２１年に生きる、ただの一人の人間です。

そのため、江戸時代を生きる人が今の世界のことを想像できなかった（はず！）ように、どうしても知識レベルや想像のできる範囲が当世風になってしまうのはある意味しかたがないことなので、次項からお楽しみいただく２００年の時代物語も、あくまで星という羅針盤が示すキーワード等々からの著者の妄想であり、星の世界の観点から見た、〝近未来のＳＦ物語〟といった捉え方で読み進めていただければ幸いです。

yuji's eye

!

水の時代

風の

2219

風の時代を〝未来〟から振り返る、という試み

そもそも水の時代とは一体どんな時代なのでしょうか。

土の時代は物質的なものが発展し、利便性が向上。マスプロダクションや金融市場が大発展を遂げ、物理的・経験的な積み上げが重要視された時代でした。

それに対し、今私たちがいる風の時代は、「精神性・知性・繋がり・フレキシビリティ」といったものが重要になると言われています。

では、次時代である水の時代の軸となるもの、基準とも言える概念はいったいどんなものなのでしょうか。

水の時代は蠍座のグレートコンジャンクション（２２１９年）で幕を開けます。

ちなみに水のサインとは蟹座・蠍座・魚座のことであり、その要素とは「慈愛・融合・集中・再生・浄化」であると言われています。

特に水の時代のトップバッターである蠍座は「破壊と再生・深き愛・豊かさ・B面」と

いう暗示を持つサインでもあるので、「なにやら破壊的なことが起きてそこから再生される」といったことが予見されます。

また、蠍座の守護星は冥王星であり、〝核〟や〝原子力〟といったものをその支配下に置く天体とも言われています（プルトニウムは冥王星の英名プルートに由来）。そのためこの時代の最初には原子力・核等にまつわる大きなブレイクスルー等が起きたりもするのかもしれません。

蟹座・蠍座・魚座といった水の星座に関係があるキーワードとして「感性・感情・心」というものがあります。

かつて、火の時代には牡羊座・獅子座・射手座の三つのサインが管轄するエリア「武芸・芸術・学問」が進化し、それぞれの国やエリアで国体の整備が進みました。

それに続く土の時代には牡牛座・乙女座・山羊座の三つのサインが管轄するエリア「システムや社会基盤（制度・法律等）の整備・金融システムの拡張・科学技術の進化発展」といった物質的な世界観が、この世を利便性の高いものに大きくアップデートしてきました。

そして、この水の時代においては、前述の通り、形を持たない・目に見えないものたちが大きくクローズアップされ、「魂・霊性・心」なるものの価値観のアップデート、人類の〝内的なブレイクスルー〟が頻発する時代になるのではないかと思うのです。

風の時代がたどる三つのシナリオ

「融合・心・魂・浄化・再生」……そういったワードから想起される2200年後の世界。西暦2200年以降の世界は、ここ数十年の時代の変化とスピードを見ても、今現在を生きる私たちの想像を遥かに超えるものであることは間違いないでしょう。

ただ、前述のようなキーワードや星が伝える〝時代の流れ〟を追っていけば、おぼろげにではありますが未来の世界の輪郭を夢想することも不可能ではないように思えますので、ここからは〝水の時代に起き得ること〟をテーマとして、水の時代の始まりとそこにたどり着くまでの風の時代の進化を三つのパラレルストーリーに分けて書き進めてみたいと思います。

ここから先のシナリオに関しては、水の時代を生きるガイドが風の時代の変遷を振り返りながら語っていくナラティブな形式でお送りしますが、これは私が執筆しながらあまりにも未来のことに意識を向けすぎて、すっかり水の時代の住人になってしまったことにより起きたことであります。

ＳＦ小説や近未来ものの映画の原作を読むような感覚でお楽しみいただければ幸いです。

＊三つのシナリオはどれも２０２０年から40年間の解説というところからスタートしますが、その40年間がシンギュラリティを含め、今後の人類の未来を占ううえでとても大事な〝転換点〟となるところですので、ある程度説明が重複することをご容赦ください。

人類は宇宙へ飛び出し、宇宙開拓史がスタート！

西暦２０２０年に起きたコロナショック。

それは人の世の基盤を大いに揺るがした出来事でした。

それまでは飽くなき成長神話が世の背景として色濃く存在していて、多くの人たちが成功を夢見て、上を目指していくといった風潮がありました。

また、成長の産物である物質的な豊かさを得ることが２０２０年頃までの社会における成功の雛形であり、また、多くの人が目指すものだったのです。

上昇・進歩といったものが進化のベクトルの不文律的な軸として存在し、幼少期から人はヒエラルキーの上位を目指すと人生が紐づけられていたのです。

ただ、２０２０年に来て、そのベクトルが大きく変わることとなりました。

二つの価値観に分かれた世界

この年、全世界を一旦停止させたコロナショックによって、多くの人たちが「働くってなんだっけ?」などと、今まで当たり前だと思ってきたすべての概念、特に件(くだん)の成長神話に「?」を感じ始めました。

「目覚め」といっていいかどうかはわかりませんが、なんらかのショック療法のようなことが起きたのでしょう。この頃から**前時代的な価値観の層と新時代的な価値観の層に人類は大きく二分されていく**こととなりました。

前時代的な価値観の層とは言うまでもなく土の時代の生き方を尊び、頑なにテリトリーや今までのプロトコルやルーティーンを守ろうとする人たちのことで、その逆の新時代的な……というのはもちろん風の時代の生き方を積極的に取り入れる、いや、自然とそう動き始めていた人たちのことです。わかりやすく言うと土の時代はヒエラルキーに代表される上下が明確で、管理者層とプレイヤーに分かれる世界。そして風の世界とは、「ティール組織」という言葉も生まれましたが、まさにああいった横に繋がっていく、フラット・ニュートラルな世界とその価値観のことだと捉えるとイメージがしやすいでしょうか。

太古の昔から連綿と続く「支配・被支配」の流れ。

それは人を生まれた瞬間から〝競争〟の渦の中に引きずり込むことを強いてきましたから、上位層・管理者層が生まれたり、また地域によってはそれが伝統として世襲されたりして（例：徳川幕府）、この時代に至るまで永続してきたのもある意味、致し方ないことでしょう。

また、そういった〝監督者〟がいたからこそ、この地球とそこに生きる人々を支える経済が一定のシステムの下に機能し、結果、食べ物に困らなくなったり医療制度や金融システムが広がるなどして、**生活の安全と食料の安定供給が実現**したということは紛れもない事実であり、またそれは**強力な縦社会**があったからこそできたことなのだとも思います。

プレ風の時代が生んだ〝繋がるツール〟

ただ、そんな土の時代でも、１９８１年あたりから、世界の情勢が変わってきました。星の世界の話をするとちょうどその頃は愛と共創を示すサイン、天秤座でグレートコンジャンクションが起こった頃。より正確にお伝えするなら、風の時代の始まりを本格的に迎えるにあたり、その予行演習ともいえる〝プレ風の時代〟（１９８１〜２０００年）が始まった頃です。

実際その頃には生活家電も過半数の家庭が備えるようになり、生活の利便性が向上。また チェーンストアやコンビニエンスストア等も全国に広がり、365日24時間食べ物を買えたり、有事の際にもすぐに生活必需品を補充できるようになりました。

また、そのプレ風の時代の間にはTVゲーム等の登場を筆頭に、音楽・舞台・ドラマ・漫画・アニメといったカルチャーシーンが充足の一途をたどっただけでなく、ポケベル・PHS・携帯電話、そしてインターネットといった〝繋がるツール〟が凄まじい勢いで当時の生活に浸潤していったのです。

この**デジタルツールやパーソナルデバイスの発展と普及が爆発的に進んだ**ことによって、今までは家の中、会社の中、組織・共同体の中だけに存在していた〝自分の役割〟を超えた先にいる人たちとも繋がれるようになり、ネット上ではリアルとは異なる、別ペルソナで生きるという選択肢を多くの人たちが持てる時代へと人類は足を踏み入れました。

家庭・職場・ローカル由来の人間関係以外の**第四の場所を獲得した人々**が増えたことにより、〝新しい時代的な価値観を持つ層〟も急増し、いわゆる前時代的な近い距離内だけでの人間関係が苦手な人たちも〝社会参加〟できる世の中ができていったのです。

そういった〝横の繋がり〟の意識やベクトルは、2020年のコロナショックを受け益益拡大。本来の**〝人間らしさ〟や「幸せとは？　豊かさとは？」といったものに多くの人が向き合う**こととなりました。

横の繋がりから得る情報や日々のやり取りの中でアイデンティティやパーソナリティを打ち出すことが増えたということも、人々の判断スキル・情報収集のセンスの向上にプラスに働いたのでしょうか。巷でよく見聞きする、「国が言っているから／メディアがそう伝えるから／著名な人が勧めているから」と影響力のある発信に流されることなく自分で判断し、「？」を唱えることができる人々が増え、「右へならえ」的な人たちは激減していったのです。

宇宙移民計画がスタート！

時はもう少し進み、冥王星が水瓶座に移る2024年頃に、「これからの地球の生態系の存続のリスクと2100年代の地球のレポート」を科学者たちが公表。それを受け、多くの知識層・リーダー層が、脱プロダクティブな、いわゆるサステナブルな生活スタイルへと本格的に移行するべきという警鐘を鳴らしたのですが、あいにく〝生産者と政治〟の距離が近すぎたからなのか、less is loveをうたう国際的な協調宣言に従ったのは一部の生産者のみで、メーカーの製造ラインや一般消費者のライフスタイルを大きく変えるまでには至らなかったのです。

その結果、2020年代には今まで以上に地震・台風・土砂崩れ等々の**天災が各地で発生**。また、気候変動の影響から水面レベルが上昇し、ヴェネツィアや世界の島々の一部が海に沈むリスクもさらに高まりました。

そういった強欲資本主義の暴走と際限なき消費社会の在り方を憂えた一部の投資家やオピニオンリーダーたちは実は水面下である計画を進めていました。

実際の公表は計画の実現の可能性がだいぶ進んでからだったようですが、その計画は**人を宇宙に移民させることで地球そのものの負荷を軽減する、「宇宙移民計画」**という、大胆なものでした。

その当時もベンチャー起業家などが個人的に宇宙に行くということはありましたが、「数億人の人類を宇宙に送る」というその計画はかつてない規模感を持つもので、当然大きな議論が巻き起こったりもしましたが、「人類を代表して、宇宙に住みませんか?」という宇宙移民の第一次公募がものの数分で埋まり、締め切られたことは今でもレジェンドとして語られるほどです。

地球環境を守る。この目標のために足並みを揃えられない人類に対して人類側が出した答え、それは生まれ育った星からの離脱というとても大きな挑戦でした。

親離れ・子離れという言葉がありますが、それでいうなら〝親のことを思うから〟そのスネをかじらずに離れていく、まさに母星離れをすることでその環境負荷を減らしていこうというのがこの計画の真意なのですが、このプラン自体はかつて欧州各地から政治的抑圧、信仰の都合等々でアメリカ大陸へ移住が進んだことと酷似していたことから、競争ではなく協奏を求める新しい価値観を持つ人たち、マイノリティの人たちから大きな支持を受け、いつしかかつてのイギリスからの最初の移民団「ピルグリムファーザーズ」の乗っていた船の名にちなみ、「メイフラワー計画」と呼ばれるようになりました。

宇宙の民 vs. 地球の民

そこからまた数十年が経ち、宇宙生まれ、宇宙育ちが当たり前になった頃。今度は**宇宙育ちによる〝人類のオリジンを見る地球旅行〟が流行り始めました**。

全てが調和的でバランスよく作られている宇宙船や宇宙コロニーの環境と比較すると、地球の汚染・ファイナンス・政治等々は〝かつての延長線上〟のままでした。

社会通俗も同様に、賄賂の横行や血縁による優遇などが残っており、100年先を行く宇宙の民からするとまるで〝歴史の教科書〟に書いてあることがそのまま残っているようなものだったのです。もう機能しないシステム・制度が放置されていることを懐古主義的な捉え方で、最初は社会見学のように楽しんでいた宇宙の民でしたが、次第に地球が汚染され続けていることにイライラやネガティブな気持ちを隠しきれなくなったのか、**地球の生活様式に口出し**をし始めたのです。

「母なる地球をよくするためになにか貢献ができないか」といった優しさと責任感と奉仕の意識がその起こりであったことは間違いないのですが、ただ、その立場を超えて地球側にいろいろなアドバイスをし始めたことがこの後に続く大きな〝ぶつかり合い〟の発端となってしまったのです。

逆の立場、つまり地球生まれで地球に住んでいる者からすると宇宙民の一行は「見た目は全く同じでなんなら言葉も通じるけれど、中身はまったく別の常識・社会通念をもつ宇宙人が旅行に来る」ようなもので、また、いきなり現れたスペースカウボーイが上から目線でなにがしかの指示を出してくるとなれば、それに対して拒否反応を示すというのも至極当然で自然なことだったのでしょう。

このように宇宙民の地球旅行は最初は観光目的のとても楽しげなものだったのですが、それは数年を待たずしてコズミックピープルによる地球再生計画へと様変わりしていきました。

宇宙の民の持つ地球への愛がそうさせたのかはわかりませんが、地球環境の再生を目指す peace keeping operation を地球の民は侵略、進攻のように捉えてしまったのか、**地球に降りた宇宙民と地球民の間での揉め事や小競り合いが連日のように起こる**までになっていったのです。

宇宙と大地の融合へ

コズミックエイジにおける水の時代の始まり。

それは、かつて祖先が住んでいた（今でも住んでいる）地球と新大陸である宇宙の民の融合、そして宇宙的なエネルギー・叡智・理論、それらが育んだものを地球のそれと融合させたり、地球自体を浄化していったことにあります。

地球の汚染と腐敗を嫌い、宇宙に生きることに新しい可能性を見出した風の時代の前半中盤頃の地球人。彼らは宇宙空間を開拓することで得た恩恵や利益、叡智といったものを、白分たちだけで享受することはせず、オリジンである地球に還元していくということを選びました。それにより**地球側と宇宙側が融合していく、混ざり合っていくというのが水の時代の始まりのサイン**でもありました。

ちなみに、水の時代の始まりである２２１９年には宇宙コロニーの大使と地球側の大使が会見を開き、和平を約束し合い、握手をし文字通り、手を結びました。

結果、**地球側と宇宙側が共存共栄**の道を選ぶこととなり、黒と白の絵の具が水の中で混ざり、マーブル模様になるようなことが期待されました。

とはいえ、二つの人類の和合はまだ美しいマーブル模様の生成というレベルまでは至ってはいないのですが、多少の時間はかかってもこれからは宇宙と地球は融合し、人類は調和のとれた世界を作りあげていくのではと思っています。

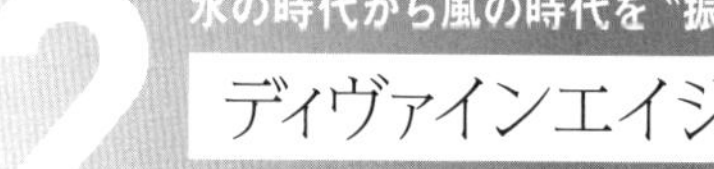

人類が霊的成長を遂げ、アニミズム的な生き方へ回帰

新時代・風の時代のスタートは2020年12月22日に水瓶座で木星と土星が重なるグレートコンジャンクションによって幕を開けました。

水瓶座は〝リバースエンジン〟を発動させるサイン、かつオルタナティブな選択肢に目を向けさせるパワーがあるので、増やして豊かにしていく方向から、減らして豊かにしていく方向へと人々の意識の変革が進みました。

消費や働き方が個人的で自由なものに

まず、持たない・作らないことが2024〜2044年頃までのメガトレンドとして君臨。そのため、今まで当たり前だった「売るために作る」が、「〜〜だから作る」といったふうに、作る意味や正当な理由のようなものが問われ始めることとなりました。

そのため、物を買うこと・所有すること等は今までのように気軽ではなくなり、そのかわり、エコ意識の高いもの、例えば、リユースやアップサイクルが注目されたり、また、消費するにしても儀式性を伴うもの、スペシャル感を伴うものが大きく支持されるようになっていったのです。

2020年以前も〝もの消費〟から〝こと消費〟へ、は散々うたわれてきましたが、この頃はその流れもピークに達し、それまで以上に「**イベント・一期一会のもの・こと消費**」に人類はシフト。**循環を意識した価値観**が根付いていくこととなったのです。

また、以前より物を消費しなくなって生産活動も減ったので、一時的に会社・組織の解散や倒産等が増加し経済も下向きになりましたが、それを補って余りあるだけの**時間的豊かさ・心理的多幸感・繋がりがもたらす安心感**を人類のマジョリティが得たことにより、多くの人は精神的にも安定し、ストレス買いやストレス消費も激減しました。

そして、大きな変化といえば、牡羊座に土星が来た2025年頃、大型商業施設が衰退していくのとは逆に、こだわりの逸品を扱う個人商店や期間限定で開くストリートマーケットがかつてないほど盛んになり、集から個への逆転現象が起きたことがあります。

カリスマ的な人気を誇る行商人の登場や、手に入れるのに数年待ちのお米・お茶等が生まれたりして、個々人が作り出すブランドが世界から求められるようになり、マスではなくミクロな経済圏が活性化。雇われない生き方、副業が本業よりも利益を出す等、**働き方が本当に自由で型に囚われないものになっていった**のです。

また働き方以外だと、風の時代初期、水瓶座、魚座、牡羊座、牡牛座に土星や木星が巡っていた2020~2030年頃には「自分を見直すこと・自分との対話を深めること」が大きくクローズアップされました。

内観、瞑想、マインドフルネスが流行るなど意識の変化が起きたのは、土星という土台を表す天体が、前述のスピリチュアルとか宇宙、価値観といったものを指し示すサイン群のところを通過していたからなのかもしれません。

そういった「新時代的な自分らしさとは？」といった自問自答のフェーズが終わり、覚醒劇が世界中の至る所で起き、連鎖反応のように一つの波紋がまた次の波紋に繋がっていくと、結果、**多くの人類が〝社会軸〟から〝己の中の宇宙軸〟を意識して生きる**ようになりました。

心の平穏を手にし、協奏の世界へ

とはいえ、今までの世界線の価値観とはだいぶ様相が異なるため、最初は社会での活躍が達成しづらいことや以前よりも利益が上がらないことにやりづらさを感じていたり、社会での活動が認められないことによる承認欲求の慢性的不満足感が続くなどして新時代様式に馴染めない人たちも多くいたようです。

が、多くの芸能人・著名人たちがその活躍の場をシフトさせ、「芸能活動もするけど農業もしています」とか、「会社の起業家だけど鉄道オタクでもあります」などと打ち出し始めたため、今までの**〝一般社会と特別な社会〟を分ける障壁が薄れて、徐々にフラットで横に繋がっていく社会が現れ始めました**。

また、これにはマインドフルネス・内観・トラウマ解除等々のヒーリングが世界に浸透していったことも大きく寄与しています。

今までですと著名人はどうしても誹謗中傷等のコメントやストーカー被害にあうなどから何らかの〝守りを固める〟必要があったので、そういった〝一般とそれ以外〟という壁が必要だったのですが、前述のヒーリング、トラウマ解除等の技術が浸透したことによって、今までの時代において堆積していたマインドの膿や歪み、トラワレや呪縛がクリーニングされたことにより、その〝歪みの捌け口〟を著名人等に向けることが激減したのです。

こうして〝内側〟に大いなる平穏を感じられて、バランスが良くなってくると、今まで人類を縛ってきた「〜ねばならない」とか「〜べき」といった集合意識から多くの人が解放されるようになり、**〝自分の中の中心・小宇宙〟に繋がることができる人たち**もたくさん現れ、人類は数百年ぶりに心の平穏を手にし、協奏の時代を実現するに至ったのです。

全体性を生きる〝神の世〟

また、この時代は人が忘我を進め、個にして全、全にして個という概念を取り戻していく時代でもあります。

神や精霊といったものと言っていいかもしれませんが、**己の中に根付く〝神性〟に目覚めた**ことによって、自身の小宇宙を介し、天空・大宇宙と繋がっていく、〝器〟として生きるのがこの時代の人類の在り方です。

また、この時代には多くの天才たちが綺羅星の如く現れ、彼らによって化学・物理界における新しい発見が相次ぎました。ほぼ毎年のようにノーベル賞クラスの発明発見があり、以前の天才たちが降ろしたものをさらに上書きしていくようなことが起こったのもこの風の時代前期、中期の特徴的な出来事でしょうし、風の時代が〝知性の時代〟であると言われることのエッセンスを最も感じられた時代だったと言えるかもしれません。

人が霊性を高め、神世を作り上げていくようになると、人類は「私の〇〇」といった**〝所有格〟のマインドをゆっくりとではありますが手放せるようになりました。**

この試みは20世紀に、シェアカーやシェアハウスといった〝身近なところ〟からスタートしましたが、それ以外のカテゴリーにはなかなかこのマインドは浸透しませんでした。ただ、2024年以降、当時流行ったミニマリスト的な生き方や、コロナショック以降に激増したホテル・住まいのサブスクサービス、定住しない生活をサポートする諸サービスが後押しとなったのか、とにかく人が負荷を抱えること・負債を背負うことから離脱し始めたのです。

そういったリアルノマドな人たちが増え始めて、数十年も経った頃でしょうか。**血縁を**

超えた家族やコミュニティが多く発生し、その中ではかつて人類がそうだったように、子供は〝その集落・コミュニティの子〟として育てることが当たり前となっていきました。種としての親と育ての親（たち）とお金を送るパトロンたち（足長オジサンズ）といった役割を持つ人それぞれがフラットに付き合い、種の親が「私の子供だ！」と親の権利を主張することはもはやありません。

この例にもある通り、餅は餅屋ではないですが、子育てが得意な人は子育てをし、餌を取るのが上手な人は餌を取るといったそれぞれの本質・得意なことに即してそれぞれの時間とエネルギーを使うことになったので、結果として人類全体がみんなで幸福と豊かさをシェアしていく、**〝全体性を生きていく〟世界へと人の世は変容**していったのです。

こうして多くの人が自分の持つバイブスのままに生きるようになったので、それぞれが得意を生かし、安寧な生活を送ることが可能となりました。

また人類を縛る概念も規則も激減したので、風に吹かれるままに自由気ままに己に素直に生き、まさに〝神のような〟生活を享受するに至ったのがこの風の時代の中盤〜後半の人類の軌跡でありました。

神話の世界は、神は己の姿を模して人を作ったとされています。

人の世になる前の時代、神が統治し活動していた神世があったと古文書には記されていますが、もし本当にそんな〝神世〟なるものがあるとしたら、まさにこの風の時代こそがその特色を鑑みると神世の現実化したものであるようにすら思えます。

「人々は知性に富み、嘘偽りのないクリアネスが世を貫き、芸術・創作が世界に溢れ、それぞれが好きなことをして生活をしている」。これが人が己の役割に気づいた先にある究極的な世界、神世化した地球の姿なのです。

ただ、そんな完全無欠そうな風の時代ですが、実は〝穴〟もあるのです。

そして、その〝穴〟こそが次の水の時代に繋がる大きなトリガーであり、人類の存続に関わる大問題でもあったのです。

人類絶滅という危機

風の時代の崩壊の序章。

そのトリガーは〝**人口の減少と人類滅亡のリスク**〟というものでした。

風の時代は人のセンサーが向上し、感性感覚が研ぎ澄まされ、人がニュータイプ化する時代です。そのため、多くの人は精神世界の探究に没頭したり、詩作とか創作活動に時間・労力を使ったり、世界を旅したり、定住をしなかったりして、固定化をするとか何かを残すという意識が他時代に比べて希薄でした。

精神世界を愛する人たちが創作を続け、放浪をする人たちが何世代にもわたりこの地球や宇宙を旅する。そういった〝流浪〟的な生き方はロマン溢れるものですが、現実的な側面からすると、地球の人口減少に歯止めをかけるわけではなく、むしろ拍車をかけるものでした。そうして風の時代の末期には人類の種としての存続が危ぶまれるようなことも起き始めましたが、風のように形を残さない風の民はそれでもよいと感じていたのでしょう。

ただ、2159年から20年の間のプレ水の時代に生まれた水の民の先遣隊はそうは感じていなかったのです。このまま**人類が地球から消えてもよいと思うどこか仙人的思考の先人**に反し、やはり子供を育てたり、人類の今までの軌跡を残したりしたいと感じる〝エモい〟人たち、それが２１５９年からこの世に生まれてくる水の世代のトップバッターたちでした。彼らによって人類は生命のバトンを復活させたのです。

風の時代に絶滅しかけた人類は、水の時代の入り口において、再びこの世界の中で**〝定住〟のリズムを復活させ子孫を残していくという意識を取り戻しました。**

そして、水の時代の序盤が終わる頃には、家族やコミュニティを作っていく生命の営みとそのリズムを完全に取り戻し、**人類絶滅という種の危機を回避**することと相なったのです。

テック・ゲノム開発が進化、人が死を超えていく

2020年末に訪れた風という名の新時代。

翌年から本格的に始まったその時代は〝個性の時代〟と言われたりもしたように、人類が心とか精神といった非常にパーソナルな、自分たちの内側に存在しているものに目を向け始めた時代でした。

個人が主役→アバターも活躍

会社に属し、会社の業績を上げ、会社のブランド価値をそこに籍を置く者みなで高めたり。または会社を一つの社会とし、そこに勤める人たちをそのファミリーとして、〝ファミリー全体〟が一丸となり社会に貢献をしていく。

そういった〝集〟とも言える組織や法人が時代を先導し、経済基盤をしっかりと作り上げていったのが1800年頃から220年ほど続いた土の時代と言われた時代でした。

そして風に時代の軸が移っても〝会社〟というユニットは存在し続けましたが、個性際立つプレイヤーがさらにその個性を発揮させていく、〝インキュベートされる場〟であったり、才能溢れる人たちがさらにその才を発揮しやすくなるツールやプラットフォームを提供したりというものに、企業の運営フィロソフィが切り替わりました。企業は主人公から脇役、背景といったところに時代の変遷とともにその立ち位置を変えていったのです。

また、アバターの自分とリアルの自分を切り離し、**デジタル世界でのパーソナリティとリアルな肉体として存在している自分とを切り分けたマルチアイデンティティを生きる**ことも、ある意味普通のこととなりました。

２０００〜２０２０年頃においても、ＳＮＳのアカウントを複数使いするなどして、そのようにマルチパーソナリティを持っていた人も存在していましたが、２０２７年頃に水瓶座の冥王星と双子座に座する革命の星・天王星が良い角度になるとその勢いも加速。多くの人たちが社会的な役割を持ってお金を稼ぐペルソナと、リアルライフを満喫するペルソナを別に持つようになっていきました。

このように異なる社会を生きる色々な〝自分〟を楽しむことが常態化して、日常生活に組み込まれてくると、その分野での特異なマーケットや新サービスの台頭が起こるのはある意味当たり前のこと。

土星が双子座を通過する2029〜2032年頃には、有名なアバター作家やCGアーティストが創る〝作家もの〟のアバター・アイコン等が高額で取引されたり、ファッションメゾンもアバター用の服を販売し始めるなど、アバターとその世界観に付随するもの一式が一大マーケットに成長していったりもしました。

また、この土星・双子座期間の頃には**SNS等のアカウントと個人のID番号等が紐付けられ、法律・法令に基づき管理**されることとなったので、匿名のアカウントからの誹謗中傷やネット犯罪が激減。その結果、無法地帯だったネットの海にも一定の秩序がもたらされることとなりました。

自分の脳内データを転送して〝移動〟

ネットの世界に平和が訪れたのと時を同じくして、人の脳から記憶をコピー・保管する技術が誕生。2020年当時、内閣府がムーンショット目標なるものを打ち出しましたが、まさに21世紀も中盤の2050〜2060年頃になるとその〝肉体と精神〟を分ける技術が現実社会に実装されることとなったのです。

例えば、**肉体に宿る〝マスターデータ（脳内データ）〟をアバターやロボットに移植して、一人なのに数人の働きをするとか役割を担う**というのがこのムーンショット目標とか肉体と精神を分けるということの真意なのですが、このような一連のサイバネティックス（人工頭脳学）革命が起きたのはエンジニアリングや基盤を表すサイン・乙女座に天王星が入っていた2046〜2052年頃の話で、この頃になると人は肉体ではなくてデータ＝ソフトのほうであるという認識が主流になりました。

それにより、人間社会自体がその〝在り方〟を大きく変容していき始めたのです。

いくつかのパラダイムシフトがあった中で、比較的大きなインパクトを残したのは〝肉体を運ぶ〟需要が大幅に減ったということ。

例えば、飛行機・新幹線・宇宙シャトル等の遠距離に物を運ぶトランスポーテーションやインフラは、地球の環境負荷と大気汚染のリスクから2021年当時のダイヤから比べると10分の1以下となりました。

その代わり、**寝ている間に空間を飛び越えるデータトランスファーによる移動方式**が活発になったので、大気汚染も環境負荷も激減したことは言うまでもありません。

ちなみにデータトランスファーとはクラウドに上がっているデータを夜寝ている間に〝東京にいる本体A〟から、〝神戸にいる義体B〟に転送。朝目覚めると〝義体B〟のほうに自分というデータは入っていて、そちらのほうで活動を始めることができるというのがその技術の簡単な概要なのですが、運用初期にはクラウド上からのデータの転送が途中でエラーになり、そのまま目覚めず〝魂不在〟となる、脳死ならぬデータのバックアップ不良死が続くなど事故も多く発生、大問題になったりもしたらしいです。

2020年のコロナショックで一部のデスクワーカーやクリエイティブクラスはリモートワークになることで、どこにでも住まうことができるようになるという環境変化が起きましたが、風の時代になってからの技術革新の進歩は本当に目覚ましく、その数十年後には、どこにでも住まうどころか、どこにでもデータ転送で行くことができるようになったのです。

「義体」が大ブームに

また、この時代における前時代との最も大きな違いはメカトロニクスと医学・化学の融合が進み、サイボーグ技術や義体化技術が進んだことです。

こういった技術革新のおかげで人は事故や病気になって体の一部を失ったとしても、**自分を義体化したり、半アンドロイド化**したりするなど、肉体の一部を補完させて生命活動を続けていけるようになりました。

こうした義体化はもともとはALS（筋萎縮性側索硬化症）等の難病でも働けるように、社会参加ができるようにと始まった技術や、高齢化社会と言われていた土の時代後期・風の時代初期に開発されたパワードスーツ等にその起源があります。そのため、この技術自体は当初、人生働き盛りの時に大病や事故により〝体機能〟に支障が出た場合に用いられることが主でした。

当初は患者のQOLを上げることが主要目的だったのですが、臓器を替えたり体を義体化することで働き続けることができ、結果、尊厳を維持できたり、生活困窮者が減少するということがリサーチャーからの報告で明らかになったことで、政府から義体化支援金や自治体からも補助が出るように。そういった行政主導の動きが義体化ブームに拍車をかけました。

特に難病を患っているわけでもない人や体に支障がない人たちまでもが義体化に乗り出

し、事例が増えたことから、義体のスペックやバリエーションが豊富になり、また、ブームの副産物として特殊なスペックの義体を持つ人たちで構成されるスペシャルフォース（警視庁所属）が生まれたり、義体の特殊性・エレガンスを競うコンテストが開催されたりもしました。

とはいえ、この頃はまだまだ義体化自体はマイノリティではあったのですが、そういった義体のよさを示すものが世間に多く見られることとなり、結果、義体メーカーや義体作家は大いに繁盛し、また、それらがさらにブームとなったことで義体自体に対する偏見や違和感も徐々に消えていくこととなったのです。

肉体が死んでも魂というデータは残る

天王星と冥王星が牡羊座と牡牛座にステイする2095～2109年あたりにこの技術は、気に飛躍・拡散し、2100年代も中盤になると2020年の人がスマホを持つような感覚で、脳に電脳通信デバイスを埋め込むとか、体調管理デバイスを胸部に埋め込むといったことも当たり前のものになりました。

また、データをクラウドに残せるようになったことにより、リアルの体がある日突然交通事故にあって帰らぬ人となったら、確かにオリジナルのリアルボディは失いますが、データをバックアップから復活させるように、**義体にデータを復元させることにより、その人のアイデンティティを持つ人（中身はその人そのもの）が戻ってくる**ことが可能になり、〝突然やってくる悲しいお別れ〟を克服することができました。

人類は肉体の死＝個体としての死であった時代をこのような技術革新によって乗り越えていったわけですが、そうすると今度は、あるところで男性を生きていた魂（データ）が、あるところで若い女性にデータを移行することで今度はその女性として生命を楽しむことができる……といったふうな〝**擬似的な輪廻転生**〟を起こすことが可能になったりもしました。

スピリチュアルな世界では、「家族関係や見た目等の設定は生まれる前に自分で決めてきた」と言われたりもしますが、まさにその世界観をこの世から一旦去ることなく実現することが可能となったのです。

人と機械の禁断の愛

そうして、2150年頃には、人、ハイブリッド（人とメカ）、完全なるアンドロイド（クローン＋ＡＩ等）という三つの種がこの世界には存在するようになりました。

メカメカしいものをしっかりとアピールするような外観のアンドロイドもいれば、逆に皮膚をペリリ、とするとか首元のチャージャーを見ないと〝メカ〟要素が入っているかの区別すら難しい、完全に人にしか見えないものもいました。

この3種はうまくこの世界で共存していて、2100年代も後半になってくると、アンドロイドとの共生も世代を重ねてきたことが原因なのか、**アンドロイドと人の恋や愛**といったものに焦点が当たるようになりました。2000年代の映画にはロボットと人類の恋とか愛について描かれた作品も存在しましたが、まさにそのようなことがリアルに起き始めたのがちょうどこの頃のこと。

この頃にはアンドロイドも人格がありパスポートがあり、当たり前のように〝人間と変わりなく〟普通に生活していたのですが、唯一といってもいい不可侵の領域が生殖や結婚だったのです。

水の時代は融合の時代、受け入れる時代、また愛の時代であると言われたりもしますが、このシナリオで言うなら、〝融合〟とは、メカと人がそれまでよりももっと深いレベルで交わっていくことを指します。

機械と人間。

コンピューターも思考をし、共感したり感情を持ったりするレベルまで知性が発達していたら、〝あたたかいものをもつもの〟とのやりとりのなかで愛や慈しみの心が芽生えてもなんらおかしくはないでしょう。

愛し愛される機械と人。2020年代においては絶対に実現されてはならないもののようにも思われていた禁断の愛。機械か人か、無機物か有機物か。データかリアルか。

そういう、超えられないとされていた大きな障壁を超えていく。それがこの水の時代の人類が向き合っていく課題であり、愛のテーマなのです。

水から風への未来予測まとめ

風の時代のタイムライン予測を3本のパラレルストーリーに分け、若干表現を盛りつつもできるだけリアルに感じられるように、それぞれの未来予想図を描いてみましたがいかがでしょうか？

各シナリオに記した内容はあくまで妄想であり、未来に起こり得る事象のただの考察に過ぎないものです。ただ、実際にそうなっていくであろう要素や予兆は現代にも観察し得るものばかりなので、あながち〝完全なる妄想でSF味が過ぎたシナリオ〟というわけではないようにも思っています。

もちろんこの3本のストーリーは文字数の制限もあり、それぞれの世界観に寄せて描いていますので、だいぶ極端に感じられるかもしれませんが、実際のところは200年ものあいだ続くのがこの今我々が立っている風の時代なので、徐々に徐々にとそれらの世界観へと歩を進めていき、気づけば価値観が変わっていた！　というふうになっていったりするのではないでしょうか。

また、この3本のシナリオは必ず分けられなければならないものでもなく、書かれた内容が全て混ざっていくということもあるはずです。

例えば、人類は精神性の高いマインドセットを持つことで重力の縛り（上下意識）から解放され、宇宙に飛び出していき、そしてその宇宙船内ではサイボーグや義体化した人類が活動・活躍しているといったふうに。

とはいえ、いずれにしてもこの結果が判明するのは２００年先の未来のこと。

前作のエピローグにも書かせていただいたように、「結果がどうなったのか、その観察は子孫に任せる」しかありません。私個人としてはどのシナリオ分岐に進むにしても、これからの時代とその新しい価値観を生きる世界線が今から楽しみでなりません。

今まで30ページにわたり長々とタイムラインの考察をしてきましたが、多少わかりにくいところもあろうかと思うので、次ページに要点をまとめてみました。

皆さんの振り返りと未来の考察の一助となれば幸いです。

「風の時代の三つのシナリオ」要点

1
コズミックエイジ編
人類は宇宙へ飛び出し、宇宙開拓史がスタート！

2
ディヴァインエイジ編
人類が霊的成長を遂げ、アニミズム的な生き方へ回帰

3
サイバーエイジ編
テック・ゲノム開発が進化、人が死を超えていく

風の時代に乗り越えていくもの

- 狭い世界での人間関係や、社会のヒエラルキー
- 地球のみでの生活

- 人の世界の常識
- 資本主義的な合理性
- 社会軸的な生き方
- 五感オンリーの身体感覚

- 1つのボディに1つのペルソナを持つ
- 病気や怪我
- 生死のサイクル

水の時代へと変わるトリガー	風の時代に拡張していくもの
地球民と宇宙民の融合と、宇宙民の地球帰還	精神／スピリットで結ばれた仲間たちとの横の繋がり
	テリトリーを宇宙へ拡大
高まり過ぎた精神性に飽き飽きした一部の人たちによる反乱 人口激減による人類滅亡の危機と、その回避	“超越的”な思想
	共感・協奏・共創の重視
	絶対的な自分軸を持つ生き方
	人本来の秘めたる能力の開発と実用化
人・ハイブリッド・アンドロイドの垣根を越えた恋愛を容認する意識革命	複数のボディに複数のペルソナを持つ
	義体化、アンドロイド化による生命活動の維持
	擬似的な輪廻転生

CHAPTER 06

12星座別「キロン星読み」で自分の傷と〝超才能〟を知る

「キロン」とはプレ風の時代の直前、1977年に発見されたばかりの天体で、新時代のことを告げるメッセンジャー。この星は、人が生まれながらに持つ「魂の傷」を示し、その傷を克服した先に得られる「超才能」を教えてくれます。一般的な12星座ではなく、生まれた日がどの期間にあるかで見ていきますので、208ページの早見表で自分のキロン星座をまず確認してみましょう。

風の時代に目覚める鍵となる星「キロン」とは？

「キロン」は土星と天王星の間に存在する小惑星の一つで、〝プレ風の時代〟（1981年1月～2000年5月）の少し前、**1977年に発見された、約50年の公転周期を持つ天体**です。

人の世界の常識は時代によって移ろい、揺らぐことがあるもので、特にそれは技術革新や大発明や歴史的な発見等があった時にしばしば起こるものですが、それは星の世界も例外ではありません。

例えば2006年には冥王星が惑星から準惑星へと区分変更されましたし、また、宇宙船や望遠鏡の技術が進化していくにつれて、新しい星が発見されたりするのは当然のことです。こうして、私たちの宇宙観も時代に合わせて刷新されていっています。

キロンが新しく発見された意味

テレビゲームや最近ですとアプリのゲームの仕組みにもよく見られますが、「自分たちのレベルに合ったボスキャラや課題・問題」が現れるからこそゲームは楽しく感じるものです。自分がレベル1なのに最強の敵が出てきたり、レベル99なのに最初のダンジョンで現れるような敵キャラが出てきたりしては何ら面白くないでしょうし、ゲームの設計自体がおかしいと言わざるを得ないでしょう。

そういう視点で考えると、つまりこの世も課題を克服していくクエスト（冒険）のようなものだと捉えるとしたら、**風の時代になる直前に発見されたキロンこそ、新時代のことを告げる天からのメッセンジャー**であり、来(きた)る新時代において人類が克服するべきテーマを示すものであると言えるのではないでしょうか。

由来はケンタウロスの賢者ケイロン

「キロン」という名の由来はギリシャ神話にあります。木星はジュピター（大神ゼウス）、火星はマーズ（戦神）、金星はビーナス（美の女神）などと、夜空に輝く天体や星座には神話に由来するものがとても多いのですが、このキロンもその系譜を受け継ぎ、射手座のシンボルとなったとされる賢者ケイロンにちなんだネーミングとなっています。

ちなみに〝キロン〟はケイロン、カイロンとも称され、神話の中では半神半馬のケンタウロスとして描かれています。

荒くれ者が多いケンタウロス族ですが**ケイロンは賢者であり、医者でもあり、ヒーラーでもあり、なんなら永遠の命まで持っている、いわば究極的な存在**でありました。ただある時、毒矢に射られてしまうのですが、死なない体を持っているため彼は死ぬことができず、ずっと苦しみ続けることとなったのでした。

そして、その苦しみに耐えきれず、永遠の命をプロメテウスに渡して死を選びましたが、大神ゼウスの恩情により死後は星座となり、黄道十二宮の9番目、射手座として今度は天空からその叡智の光を地表にもたらすこととなったのです。

人の世界と神の世界をつなぐキロン

こういった神話のエピソードから、**キロンは〝傷〟を象徴する星、永遠に続くかと思わ**

れる痛みをもたらす星とも言われたりもするのですが、傷がもたらす痛みを癒したり手放す方法を求め続けていくことで経験を積み、見識を深めていくことができるので、キロンとは**賢者化していくためのトリガー**であるとも言えるでしょう。

実際、占星術の鑑定の現場においてもキロンとは〝知性〟を表していることが多いものです。若い時分から異常とも言えるほどに発達した何かを示す、賢者の座標を示す星。それがキロンのパワーでもあるのですが、ただ、その凄すぎる叡智や力が人間界の常識等とはかけ離れている可能性があることから、使いこなすのにはそれ相応の時間・エネルギー・コストといった対価や修練が必要となります。

キロンは一般普通車に対するF1マシンのような、特別な運転技術を必要とするものであるというとわかりやすいでしょうか。ハンドルがありアクセルがありエンジンで駆動する〝自動車〟に属するところまでは同じでも、そのタイプの異なる2車では、操作性とか求められる運転技術というものはきっと全く別物のはずです。

自分がキロンを持つエリアではF1マシンで公道を運転しないといけないとすると、なんとなくキロンの特異性がよくわかろうかと思いますがどうでしょうか。

いきなり事故を起こしてしまったり、まわりから奇異の目で見られたり、すぐにガス欠になったり、視点の高さが周りとあまりにも違ったりと、運転技術が上達するまでは圧倒的な苦痛を感じそうな要素が盛りだくさんであり、まさにキロンの領域とは茨の道、茨の公道であることがわかると思います。

不安や恐怖に向き合った先に得られるもの

もう少し具体的な話をしますと、**キロンによる修練は〝人間世界特有の小我〟に向き合って克服するというもの**なので、それはそれは酷い自分も見ることもあれば、醜い自分と向き合うこともあることでしょう。

でも、そういった荒業にもへこたれずに真摯に課題と向き合い、遥か昔から積み上げてきたカルマのような〝因果の根っこ〟と対峙し解消へと進んでいくと、人はいつしかケイロンがそうであったように、**その功績・頑張りが認められ、天空の世界へと意識レベルが昇華**。晴れてトランスサタニアンと言われる神々の天体（天王星・海王星・冥王星）の力を行使できるようになっていくのです。

映画『スター・ウォーズ』ではジェダイの修行の最終段階において〝ダークサイドに堕

ちた自分〟が出てきたり、嫌なシーンを思い出したりするというものがあります。

恐怖自体はダークサイドへの入り口ではあるが、その恐怖に打ち勝つとその恐怖自体は幻影であることに気づく……というまさにあの一連のシーン自体がキロンの克服であり、超人的な力を得るために乗り越えなければならない〝試練〟なのです（『スター・ウォーズ』では、その恐怖の原因・乗り越える対象自体がのちに味方になり、助けてくれるシーンまでも描かれていますし、『スター・ウォーズ』の1作目の公開は1977年なので、キロンの発見と同年であるというシンクロもまた興味深いところです）。

ここまでの解説はなんなら神話や映像作品を使った〝こじ付け的な解釈〟のように感じられるかもしれませんが、実際に鑑定の現場で注意深く観察していると、キロンとはその人にとって「触れられたくないところ、逃げたいところ、向き合いたくないところ」、つまり、弱点とも言える部分として発現することが多いように思います。

またはその分野に少なからず興味があったり、時に食指が動いたりもするのだけれど、**その〝領域〟に絡むやいなや、なぜか自分の醜いところ、下世話なところ、野卑なところが出てきてしまう**というのもキロン絡みではよくあること。

また、「自分が自分でなくなるようなことがあった」ため、自分ではある領域のことを意識しないようにしていたとしても、他者からの指摘や巻き込み、ライフイベントや外圧により、嫌でもそこに目を向けないといけなくなったりする、という〝強制引き戻し〟のようなことが起きたりもするのがキロンの引力の凄まじいところでもあります。

この、何をやってもうまくいかない現象や手痛い失敗が起こる理由。

それはもしかすると当事者自身が過去の人生、あるいは過去生において、その分野にまつわることを傷つけられたり、たしなめられたり、辱(はずかし)めを受けたりしていて〝恐怖・不安ベース〟でその事象に向き合っているからではないでしょうか。

例えば、恋愛の例で言うと「パートナーと楽しいひと時を過ごすにはどうしたらいいか、どうやって喜ばせようか」と考えているのと、「別れると言われたくないがゆえに、彼の好みに合わせたり、彼の好きなことをして喜ばせようとする」のでは、やっていることや表に現れることは似通っていてもその芯・精神の部分は真逆のものだったりします。

ちなみにこのサンプルケースの場合は、後者のほうは本人が頭に思い描いている通り、早晩、〝別れる〟という結果に至ることが多いというのは言うまでもありません。

キロンについてシンプルにまとめると、以下のようになります。

▼キロンとは天の才能を表すトランスサタニアンを使えるようになるための鍵である

▼キロンが示す超才能を使いこなせるようになるためには恐怖や不安を乗り越える必要があり、そしてその恐怖のコアも実は超才能と同じ座標に眠っているものである

▼まるでコインの裏表のようなキロンは、まずは裏面の傷を克服することが最低発動条件となる

▼そのためには人の世界の常識・当たり前等々、自分が知らず知らずのうちに付けていた枷を外して概念的に身軽になる必要がある

▼人の世界の怖さ・欲望・野卑なところを乗り越えた時、大いなる扉があなたの前に開く

キロンとは表があり裏がある、超才能と傷があるとお伝えしましたが、実は本当は一つの「超才能」のみがそこには現れているだけなのかもしれません。

この世間でも圧倒的な天才や才能は秀才にはわかっても、凡才にはわからないものであったり、また時代を先取りしすぎていて、その時代を生きる人は理解できるものではなかったり。見方によっては、超越的なパワーは時として〝下〟に見られてしまうこともあるものです。

50年かけて超才能を輝かせる

そうして考えると、キロンリターン（生まれた時のキロンの位置にキロンが約50年かけて戻ってくること）という**約50年の時間は、超才能が評価され始めるのに必要な時間**なのかもしれないとも思うのです。

「十で神童、十五で才子、二十過ぎればただの人」などという言葉もありますが、これこそがまさにキロンの進化を表したものかもしれません。ただ、キロンの進化を正確に表すには、二十過ぎればただの人のあとに、「そして五十で神となる／天下を取る」といったフレーズを付け加える必要があるとは思うのですが。

あまりにも早熟な才能や思想は時に自分と周りを傷つける棘にもなりますが、キロンはこのように長い時間をかけてあなた自身の精神を熟成させ、社会性を身につけさせることでこの武器の使い方や使いどころを腹落ちさせていきます。その結果、あなたは超越的なパワーと才能を正しく行使していくことができるようになるはずです。

いざ、キロンの発動へ！
［12星座別］
キロンの傷と〝超才能〟を知る

キロン星座
早見表

＊あなたが生まれた日が入っている期間を、
以下のリストから見つけてください。
そこに書いてある星座が、あなたのキロン星座です。

牡牛座キロン

超感覚を持つ人

1927年3月25日～1934年3月22日

1977年3月30日～1984年4月11日

牡羊座キロン

超個性的な人

1968年4月1日～1977年3月29日

2019年2月19日～2027年4月14日

蟹座キロン

超心(こころ)マスターになれる人

1938年5月29日～1941年6月16日

1988年6月23日～1991年7月22日

双子座キロン

超アンテナが立っている人

1934年3月23日～1938年5月28日

1984年4月12日～1988年6月22日

乙女座キロン

超エンジニアな人

1943年7月27日～1945年7月22日

1993年9月4日～1995年9月9日

獅子座キロン

超ロイヤルな人

1941年6月17日～1943年7月26日

1991年7月23日～1993年9月3日

さて、ここからは実際に各サインごとのキロンの"超才能"の解説に移ります。"超才能"がありすぎるとオーバースペックすぎて周りの理解が追いつかないとは先ほどお伝えしたとおりなのですが、では、各星座にキロンを持つ人たちは本当は"どんな才覚"を持って生まれてきていて、一体どんな"超人"たちなのか。以下、各サインごとに一言ずつまとめてみましたので、ご自分のキロンサインを確認してみてください。

蠍座キロン

超本質を見抜く人

1946年11月11日〜1948年11月28日

1997年9月3日〜1999年9月21日

天秤座キロン

超人間関係力を持つ人

1945年7月23日〜1946年11月10日

1995年9月10日〜1997年9月2日

山羊座キロン

超カリスマになれる人

1951年2月9日〜1955年1月27日

2001年12月12日〜2005年2月21日

射手座キロン

超開拓者マインドを持つ人

1948年11月29日〜1951年2月8日

1999年9月22日〜2001年12月11日

魚座キロン

超癒しと許しの人

1960年3月27日〜1968年3月31日

2010年4月21日〜2019年2月18日

水瓶座キロン

超オルタナティブ思考の人

1955年1月28日〜1960年3月26日

2005年2月22日〜2010年4月20日

いかがですか？　言われてみるとなんだかそういう能力・素質があるような気がするなぁと思ったりしませんでしたか？　とはいえこうしたワンフレーズだけでは解説として不十分ですから、次項からは各サインごとにキロンの克服方法と"超才能"の生かし方をより具体的にお伝えしていきたいと思います。

牡羊座キロン

本当の自分でいるべき〝超個性的な人〟

1968年4月1日〜1977年3月29日

2019年2月19日〜2027年4月14日

生まれの人

牡羊座キロンの特性

勇気を持って一歩踏み出し領域外へ

牡羊座キロンは名をあげやすい世代だと言えます。例えば、幼少期に成績優秀であったとか、何かの分野で新記録を出す、分野トップになるなど、なんらかのヒロイズムに染まりやすい世代でもあります。

ただ、この牡羊座キロンの人たちが乗り越えるべき壁は、ある分野・領域の中では目立ったり、頭角を現すことができても、〝その領域外〟にはなかなか踏み出しづらいという少々厄介なもの。

牡羊座は黄道十二星座の中でトップ、1番手を担う星座です。そのため、誰よりも先に、何かをなしたいはずなのですが、もしかすると幼少期や過去の傷から、新しい領域に一歩踏み出すことにはなんらかのブレーキがかかるのかもしれません。

本当は心の中では「もうその業界のことは飽きている」とか「やり切った」と思っていても、それ以外の世界を知らないからとか叩かれるのが怖いとか、なんらかの心理的障壁があり、〝新しい自分〟になることをどこかでこばむ癖がついていたりもしそうです。「新しいことをやってみたいという魂の声」と「囲いの中の保障されたポジションにあぐらをかいている自分」という、理想と現実の乖離が生まれ、そこに大きな葛藤を覚えたりもするかもしれません。

また、牡羊座というのは〝I am〟というキーフレーズを持つため、人類の私像をアップデートする役割を持ちます。〝私像のアップデート〟とはなんとも聞き慣れない言葉ですが、それは、「今までにない肩書を名乗る」とか「だれもまだやっていないような新しいライフスタイルを始める」など、〝人類〟に新しい在り方を、その生き方を通じて証明し、示していくということです。

二番煎じでもだれかのコピーでもない、新しい〝在り方〟……それはこの生まれの人たち全員が新しい肩書を創造しなければならないとか、ニューキャリアを創造しなければならないというハードルの高いものではありません。ただ、新しいフイフスタイルや概念、もしくはファッションやスタイリングといったヴィジュアル的なところで遊び心を発揮したり突き抜けたりするなど、外観的にも〝他とは違う〟ことをアピールしていくことが傷の克服へと繋がっていったりもするのです。

牡羊座キロン生まれは、例えば、こういった人生を送る方もいらっしゃいます。

ある職場でレジェンドと言われるほどの功績を挙げ、ずっとそのポジションでチームを率いていくはずが、思わぬ怪我や病気等で第一線から離脱。回復後に現場に戻るかと思いきや、今までの人生で築いた人脈等を生かして全く異なる分野で活躍。それまでは「△△会社の○○さん」だったのが、以後は「○○さん」で以前よりももっと広い世界で輝やかしいキャリアを築いていく。

もしくは、業界の寵児のような人だったが、いわれのない誹謗中傷等々で会社を追われることに。そこからは失ったもの以上の力を身につけて、あっという間に以前よりもパワフルになって第一線にカムバックし、多くの人から慕われる。

これらはあくまで例ですが、この事例に共通して

牡羊座キロン

いるのは、いったん築いた大きな成功やポジションを一度は失っていること。でも彼らは諦めずに、その業界・領域外で以前よりも大きな成功を収めています。重要なのは〝成功の度合い〟ではなく、コアとなるのは〝新しい肩書・在り方〟を獲得しているということです。

繰り返しますが、牡羊座キロン生まれは、〝個性〟を突き抜けさせるエネルギーを持つ生まれです。

○○をしている人＝ｄｏｉｎｇの人から、

○○さん＝ｂｅｉｎｇの人へ。

個性を最大限に生かすことを課題に持つ世代がこの牡羊座キロン世代であり、また、彼らが人類に対して背負うミッションでもあります。

そうして牡羊座キロンたちが多くの人たちに「本当の自分でいること、自分のやりたいことをして輝くこと」をその生き様や主張、在り方を通して示したならば、それにインスパイアされた人、影響を受けた人が現れ、この世界にもっと〝自分らしく輝ける人〟が増え続けることとなるはずです。

ちなみにこのキロンの生まれには、パリのオートクチュール組合の会員となった初めての東洋人デザイナーである森英恵、一旦は力士として上を目指すも途中で大胆に転身！　プロレスラーとして大成功した力道山、戦争で片腕をなくしながら漫画家として、そして、妖怪研究の第一人者として名を馳せた水木しげるがいます。

他にも牡羊座キロンを持つ人には作家・アーティスト・俳優・女優が多いのですが、それはやはりキロンが超才能を示すこと、そして、牡羊座のキーフレーズ、エネルギーが〝Ｉam〟を司るということと切っても切れない関係があるように思うのです。

Ｉam＝ポリシーやイデオロギーや思想を含めた自分のスタイルといったもの。

それらを打ち出していくことはいつの時代においても、また、自分が有名でも無名だとしても怖さを伴うものだと思うのです。でもそれを乗り越えていくから、発言等が注目され時代の寵児になれたり、英雄視されたりもするもの。

そして、そういった〝自分イズム〟を打ち出していくことこそが、牡羊座キロンの人たちが目指す座標・ゴールなのだとしたら、牡羊座キロンの人たちの敵とは実はそういう行動に恐れを抱く〝自分自身〟なのかもしれないなと思ったりもするのです。

風の時代仕様になるために超えていくテーマ

周りとぶつかりがちな個性を上手に生かす

牡羊座キロンの世代はそのキャラ立ちした目立つ特性ゆえに、どうしても嫉妬や羨望の対象になりやすく、そこから争い・小競り合いに発展することも起きがち。

特にキロンの傷は持ち前のキャラや影響力、リーダーシップを利用されるということによって刺激されることが多いでしょう。

例えば、組織に属したとしても、最初は自分を引き立ててくれたり、アサインしてくれたりして、経験を積ませてくれるのでとてもありがたいのですが、自分がそういった組織や会社から得られるものを全て得てしまったらパワーバランスが逆転。

必要以上に自分の力を頼ってくる人が現れたり、手柄を上司に取られてしまったり、はたまたキャラ立ちしているがゆえに上から煙たがられて大事な仕事に絡ませてもらえなくなったり、ということもありそうです。そういったことは実は牡羊座キロン持ちには頻発するので、〝牡羊座キロンあるある〟と言えるかもしれません。

また、舐められないようにあえて権威に反抗して見せることでまた思わぬ傷ができたりもしますが、そういったアクティブなエネルギーは実は周りと戦うことではなく、新時代的な生き方・在り方の探究に使ったり、新航路の発見、新境地の開拓に注ぐと、秘められた本来の力が開花していくこととなります。そして、その在り方にインスパイアされた多くの人たちが、新しき道に導かれていくはずです。

克服すべき「傷」

- キャラをいじられることに過剰反応したり、周囲と遣り合ったりすることにエネルギーを使いがち
- 周りから期待される役割・キャラを演じることにこだわってしまう
- 作られたヒエラルキーのトップを目指さなければと思う
- 成功したいという勝利欲求が強い
- 人の先を行くことや競争にのみ生きがいを見出してしまう

傷の先にある「超才能」

- 自分にしかない才能を打ち出すことで、個性を出して生きる勇気やきっかけを周りの人たちに授けることができる
- 個性溢れるものを見つけて、それを伸ばす・紹介する・持ち上げることができる
- 道なき道を行くリーダーとしてオンリーワンの輝きを放つと、周囲にも同質の人やものが集まってくる
- 新しい道を開拓し、戦わずして頂点を取ることができる

キロンが牡羊座を巡る時に この世界に起こること

DATE

1968年4月1日〜1977年3月29日

2019年2月19日〜2027年4月14日

2069年3月5日〜2078年2月24日

牡羊座が"I am"とか"being"を司るサインであるだけに、キロンが牡羊座にいる間は「そんな仕事・在り方・肩書ってありなの!?」と問いたくなるような、まさに新人類と言ってもいいような新しいアーキタイプが生まれてくる世になるでしょう。

この原稿を書いているのは2021年夏なので、キロン・牡羊座期間（2019〜2027年）の半分も過ぎていませんが、現実世界には今までになかった肩書で生きている人たちやだいぶ特異なライフスタイルを送っている人たちをSNSやネット上で見かけることも増えてきました。

また、年配の方たちから見ると「それははたして仕事と言えるのか」と思われるような、既存の仕事の概念には含まれないような"稼ぎ方"ももう既に数多く存在しています。

このように、社会のいたるところで新人類や新世代の芽吹きが感じられるのがこのキロン・牡羊座期間の特徴であり、また時代の主人公や主軸と言える人たちの新旧交代劇が行われていくのがこの時期なのではないかと思っています。

牡牛座キロン

〝超感覚を持つ人〟新しき大地を創造する

1927年3月25日～1934年3月22日

1977年3月30日～1984年4月11日

生まれの人

牡牛座キロンの特性

飽くなきこだわりで美の地平を切り開く

神話の世界において大神ゼウスからこの世界を支えるように命じられ、その背で世界を背負い続けているといわれる伝説の巨人・アトラス。

牡牛座キロンの世代はまさにこのアトラスの化身のように、大地を支える役目を持つ人たちです。

そのため、巨人の化身である牡牛座にキロンを持つ世代の人生は、止めどなくやってくる〝支える〟という課題と負荷に振り回される傾向があります。

実際。この牡牛座キロンの人たちは、家族、配偶者、上長や部下、はたまた友人やちょっとした知り合いレベルの人たちまで、見事なほどに色々な人たちのお世話をすることとなるのです。

ちなみに牡牛座は土のエレメントに属し、豊穣・価値観・才能といったものを暗示するサイン。そのせいか自然に〝どっしりとしたオーラ〟を漂わせることも多く、どうしても周りの人たちから頼りにされて、宿り木のようにふらっと人が引き寄せられてくるということがしばしばあります。

動物や人や生きとし生けるものを育み、受け止める母なる大地のような存在。それが牡牛座キロンホルダーの特色であり、アトラスの化身である所以(ゆえん)なのですが、人生が進んでくると、きっと「もう世界を支えるのは疲れたよ」とぼやきたくなる時がやってくるでしょう。なんなら支えること自体を放棄したくなったりするかもしれません。

でもここで思い出していただきたいのは、キロンとは〝超才能〟を表すということ。また、牡牛座は「価値観・感覚・才能・豊穣」を管轄領域としますので、それを〝超〟がつくものに進化、バージョンアップしていくのが牡牛座キロンの役割であるというふうに理解することもできると思うのです。

そう考えると、この世代は古き大地をどこかのタイミングで横に置き、新しい大地を支えていく。以前の価値観に染まった世界を放棄し、価値観自体を刷新していく。そんなニューアース（新しい大地）の創造主としての役割を持つのが牡牛座キロンの人たちなのです。

牡牛座の役割の一つに〝感覚的に真贋を見極める〟というものがあります。

そのため、牡牛座キロンの人たちは「これ！」というものになかなか出会えないというジレンマがある人が多いのではないでしょうか。

例えば、不動産を見てまわっても理想的な物件になかなか出会えなかったり、洋服等もどこか一点だけ気に入らない点があったり。五感がどこか満たされず、美意識やセンスが〝ＯＫ〟を出せるものにことごとく出会えない、慢性的な欲求不満を抱えている人もこの生まれにはきっと多いはず。

ただ、その「常に何かが満たされない不足感」こそが牡牛座キロンの傷でもあるのですが、また同時に超才能でもあるのです。人は不足感があるからハングリー精神を持てるもの。そのため、この不足感や欠乏感こそが、あなたを新しい美の地平を切り開くチャレンジに駆り立てる源泉となるのです。

人生がある程度進んでくると、やはり自分の美意識やセンス等に完全に合致するものは世の中に存在しないと気づくタイミングがやってきますが、そこで「ま、いっか！」と我慢や妥協ができないのがこのキロンの生まれの特徴でしょう。

結果、飽くなきこだわりで徹底的に居心地のよさや五感の満足を追求し、新時代的な、または超個性的な新しいスタイル・アート・デザイン・様式を確立していくはずです。

また、牡牛座は「財・豊かさ」をあつかうサインでもあります。

そしてキロンは宇宙意識への鍵でもある天体なので、牡牛座キロンを持つ人たちは人生のどこかで困窮したり、相続・承継・権利等が絡むお金の問題が勃発する可能性があります。

ただ、それは旧時代的な豊かさを脱皮して新時代的な豊かさへと、この世の〝豊かさの大地とその循環〟をアップデートしていく役目を持っているからこそ起きること。

民を新時代の豊穣の大地へと導いていくためにも、まずは自らが古き大地とそこにあるシステムをアンインストールすることでそのプロセスの実践者となる必要があるのです。

そして、その実体験を伴う情報こそ生きた情報であり、説得力と真実味を帯びた発信、発言として民から受け入れられ、新時代的な豊かさに富んだニューアースの存在を多くの人たちに知らしめることができたりもするのではないでしょうか。

ちなみに牡牛座キロンを生かした先人にはアーティストのパブロ・ピカソやポップアートの雄、アンディ・ウォーホル、また、江戸幕府の開祖、徳川家康、物理学の天才、アルバート・アインシュタインがいます。彼らの活躍の共通項は、〝新しい地平〟を切り開いたこと。まさに大地の転換、パラダイムシフトを起こした偉人たちが集まっているのがこの牡牛座キロンであり、その新機軸を打ち出す力こそが彼らの真の力なのだろうと思うのです。

風の時代仕様になるために超えていくテーマ

牡牛座キロンの世代はその気前のよさゆえにどうしても自前のリソースを頼りにされがち。

人にもよりますが、何らかの〝豊穣の大地〟を持っているのがこの世代の特徴。そしてそこから穫れるものを惜しみなく人に差し出したり、援助したりすることができるのがこの生まれの強みです。

ただ、それらも度が過ぎてくると「もう限界！」というポイントを迎えてしまうでしょう。それでも無理をして支え続けるのではなく、より豊かな大地を求めてそちらに牡牛座キロンホルダーがシフト！

そうすることで、またこの世にひとつ新しい〝豊穣の大地〟が出来上がることとなるのです。

このキロンホルダーは既成の価値観で大地を支えるところから人生がスタートします。が、途中でパラダイムシフトのようなことを起こして、新しいものへと自分自身がそちらに移行。

そして牡牛座は価値観をホールドするサインでもあるので、新しい手法・様式・思想等に価値を付与することができたりもするのです。ちょうどピカソがキュビズムを生み出し、アインシュタインが相対性理論を打ち出したように。

新しい理論・様式を打ち出し、常識やスタンダードを一新する。それがこの生まれの傷の克服法であり、またその超才能の生かし方なのだと思います。

逃げることを格好悪いと思わない

だからいつの日か、「もうだめだ、これ以上は支えられない」と思ったら、持ち場を離れることを〝逃げ〟とか〝格好悪い〟とか思わずに、遠慮なくその持ち場を離れてみてください。実は逃げてみることが真の才能への導線であったと、超才能を発揮した暁にはきっとわかるはずだからです。あなたにとって逃げるは恥でもなんでもない、才能開花のトリガーなのです！

克服すべき「傷」

- ステータスに執着しやすい
- 数字やポジション等〝目に見えるもの〟に価値を置きがち
- 土の時代の呪縛に引きずられやすく、安定に重きを置きやすい
- ルーティーンや慣れた習慣を手放すことを怖がる
- 美的感覚や五感にすぐれるので、なにかに不足感や物足りなさを感じることが多い

傷の先にある「超才能」

- **審美眼にすぐれ、真贋を見抜く目を持つ**
- **面白いもの・美しいもの・可愛いものを発掘する才覚に恵まれる**
- **快楽・耽美・芸術の愛好家や守護者（パトロン・キュレーター等）になれる**
- **新しいレジャーや料理のスタイル等、人生の楽しみの領域を拡大する才能を持つ**
- **自分のセンスに合うもの、心地よいもの、次世代的な場所・装置・空間等を作り出していく才能を持つ**

キロンが牡牛座を巡る時に この世界に起こること

DATE

1927年3月25日〜1934年3月22日

1977年3月30日〜1984年4月11日

2027年4月15日〜2034年5月5日

牡牛座は「財・豊かさ・価値観」といったものを表すサインです。そしてキロンとは傷ですから、当該領域に〝傷〟を作ることによって超回復を促すということが起きやすいものです。

実際、〝大地とか基盤〟となる何かに傷が入ることによって安定性が強化されたり、地盤をさらに堅固なものにしていくというのがこの〝土サインである牡牛座にキロンが巡る時〟の特徴とも言えるもの。実際、過去のキロン・牡牛座期間には世界恐慌が起きたりしていることからも、この期間には地盤を揺るがすようなことや、例えば今の資本主義の世の中では金融における事件・出来事が起こりやすいことがわかります。

また、これからの時代においては所有を超えて、シェアやサブスクリプション等による、〝所有を超えた豊かさの共有〟といったところに人々の意識が向きそうなので、2027年にやってくる次の牡牛座キロンの時期には〝所有を解脱する〟といったことが進むはず。結果、〝多くを所有する＝裕福〟といったカルチャーが薄くなり、新時代的な〝リュクス（豊かさ・贅沢）〟の概念の醸成に繋がっていくのではないでしょうか。

双子座キロン

高感度の〝超アンテナが立っている人〟

1934年3月23日〜1938年5月28日

1984年4月12日〜1988年6月22日

生まれの人

双子座キロンの特性

コミュニケーションの痛みを超えていく

双子座は「コミュニケーション・旅や移動・IT・テクノロジー」をテーマに持つサイン。

そのため、キロン＝傷であるとすると、双子座にキロンを持つ人はこれらのカテゴリーについて傷を持っているということになります。コミュニケーション・旅・ITにまつわる傷というのはなんだか想像がしにくいかと思いますが、たとえば「人との距離感がうまくつかめない」「SNS等での発信に抵抗がある」と言い換えるとどうでしょう。

少なからずこの生まれには、書き込み・コメント・リアクション等々を過剰に気にしたり、はたまたモニターの向こうの人たちとのやり取りでとても傷ついたり、舌戦・言葉の応酬が起きたりした！　なんていう経験をお持ちの人も多いのではないかと思います。

双子座は風（エア）のサインであり、言語中枢を司るサインでもあります。そのため、〝空気を読まない〟ことに対して非常に敏感です。

特にコミュニケーション術が発達していない児童

期～学生時代には、一定数存在するゴーイングマイウェイで空気を読まない人に対して、自らの〝安全圏〟を脅かされないようにするためか、集団の色・空気を守るためかはわかりませんが、〝関係性をシャットアウトする〟〝突っ込まなくてもいいところに突っ込んでしまう〟といったコミュニケーションエラーを起こしがちです。

そんなふうに人とぶつかることを幼少期から繰り返すと、本心を言いづらくなり、「空気を読まないと、適切なことを言わないと、のけものになるかもしれない」といった恐怖感やトラウマを根深く残す人もいそうです。それが直接的・間接的に言葉やコミュニケーションに対する過度な防衛本能を備えるトリガーとなったのかもしれません。

ただ、実はこの双子座キロンの克服は、自分が頭のいいキレものでありアイデアマンであり、なんなら天才であることを認めてしまうことで一発で解決します。

実際、コミュニケーションと知性のサインである双子座にキロンを持つ人たちは元来とても頭がよく回り、解決型の思考を持つ人たちだと言えます。ただ、キロンとは傷というエネルギーであり、痛みをもたらすパワーでもあることを忘れてはいけません。

皆さんも経験があるのではないでしょうか。

「真理であったり真髄であったりするからこそグサッとくる」とか「耳が痛い」ということが。

日常生活で他にも「痛いところを衝かれる」など、言葉がもたらす痛みを表す言い回しがありますが、これこそがまさに双子座キロン的なものです。

痛いこと・本当なら耳を塞ぎたくなるようなこと。それらは往々にしてどこかなあなあになってしまっていることの裏側だったり、真実だったり、定説を覆す新しい定義等々だったりするのではないでしょうか。

そして、そういう新しい発見や知恵をシャープな言葉でこの世に伝えていくのがこの双子座キロンであり、新時代的な叡智を伝える、切り込み隊長としての使命だと思うのです。

ただ、繰り返しになりますが、双子座キロン持ちが克服すべきはそういった〝コミュニケーション〟にまつわるもの。

例えば、双子座キロンを持つ人たちは生来ひらめきが強いタイプです。12星座の中でもトップクラスのアンテナの感度を持つため、他者が気づかないことでも自分だけは〝何かに感づく〟、〝何かに気づく〟といったこともきっとよくあるのではないでしょうか。

ただ、そうして知り得たことを伝える時には、それぞれ適した〝言い方・伝え方〟というものがあります。素晴らしいアイデアが降りてきたり、とても重篤な危機を回避するサインを感じたりしたとしても、その伝達方法を間違ってしまったことによって対象者を傷つけたり怒らせてしまったりしたのでは元の木阿弥です。

双子座キロンはもともとピカイチの情報感度を持つので、情報の質には問題がないはずですが、それに付随してタイミングと状況把握もピッタリになれば、まさに鬼に金棒！

コミュニケーションにおける〝両輪〟をマスターし、叡智の扉を開いたなら、双子座キロンの生まれが新時代である風の時代の賢者として人々の耳目を集めたり、名を馳せていくこととなるのはある意味、当然のことでしょう。

なお、そんな双子座キロンの特性である〝アンテナ感度が高い・アイデアマン・定説を覆す！〟という性質を生かし、この世に名を残した賢人には、鉄鋼王アンドリュー・カーネギー、幕末に活躍した坂本龍馬、コンセプチュアルアートのマルセル・デュシャン、熱気球の開発者、モンゴルフィエ兄弟がいます。

どの人も自身のアンテナを生かして事業を起こしたり、今に残る道やインフラを作ったり、言葉やアートの文脈で既成概念を壊したりした、奇想天外な思想の持ち主ばかり。彼らの生き様を調べてみると、双子座キロンを生かすヒントやとっかかりのようなものが見えてきたりするかもしれません。

風の時代仕様になるために超えていくテーマ

情報を世の中に役立てることで豊かさを得る

双子座キロンの世代はアンテナ感度の高さゆえに どうしてもみんなが気づかないところに気づいたりすること、そして、ある程度状況に合わせて器用に振る舞えることを特徴として持っています。

そのため、自分が気づいていていても周りが気づいていないこと、例えば、自分は明らかにこのプロジェクトはうまくいかないとわかっていても決裁者を含む周りは全く気づいておらず、なんなら失敗の方向に進もうとしているのに、「このファクトをどうしたらうまく伝えられるのだろうか、いや、伝えないほうがいいのだろうか……」といった葛藤をすることがキロンの傷となることが多いはずです。

こういったコミュニケーション・対人関係における試練が続いていくのが双子座キロン持ちの宿命とも言えるのですが、これはその特異なアンテナでキャッチしたものを「まだ世の中にないもの・世の中にあるといいもの」等に向けていくと一気にキロンが悩みの種ではなく、あなたに豊かさをもたらすものに変わっていくはずです。

また、叡智や真理も"伝わらなければ無きに等しい"ので、それをうまく因数分解し、わかりやすく伝えるということが、あなたの使命の一つなのかもしれません。

この特質から、双子座キロンホルダーは周囲から意見を求められがちですが、"頼まれごとは試されごと"と腹を決めて、積極的に周囲の期待やリクエストに応えるようにしてみるとよいでしょう。人とうまく交わっていくこと。これにより双子座のキロンは鍛えられ、また癒されていくのです。

克服すべき「傷」

- 人間関係において定期的・自動的に巻き込まれ事故（自分は関係がなくても誹謗中傷の対象になったりする）が生じる
- 気づいているのに気づいていないフリをしないといけないような状況になりがち
- 環境によってはスピードダウンやブレーキを強いられる
- 飽き性な自分を許せず、自分には何もないと思ってしまう
- 自分が根なし草のような感覚に襲われることがある
- 財務状況に無頓着に新しいものを試したくなるので、そこから不安が生じる
- 周囲の人の言葉の雑さや、アンテナ感度・頭の回転の違いにイライラしたり、絶望を感じたりする

傷の先にある「超才能」

- **最新かつ面白い、ユニークな情報を周りに提供できる人間ポータル・情報の分電盤としての才能**
- **人と情報、人と人を繋げたり、情報をわかりやすく伝えたりすることができる**
- **新しいもの、流行りそうなものに対する感度が抜群なので、トレンド・オピニオンリーダーになれる**
- **情報感度、情報処理能力の高さと適度なドライさから、アドバイザーやコンサルタントとして人や組織を導くことができる**

キロンが双子座を巡る時に この世界に起こること

DATE

1934年3月23日〜1938年5月28日

1984年4月12日〜1988年6月22日

2034年5月6日〜2039年4月26日

前回、双子座の部屋をキロンが通過したのは1984 - 1988年のこと。そして、ちょうどその頃、実用化に向けて急速に研究・開発が進んでいたのがインターネットです。

また、この前後5〜6年間には任天堂ファミリーコンピュータが大ブームとなったり、価格が下がったことでパーソナルワープロが広く普及したりするなど、双子座の管轄であるIT、デジタル、テクノロジーといったエリアにおいて〝時代が動いた〟時期であったと言えるでしょう。

そして、次にキロンがやってくるのはそのインターネットの誕生から50年を経た2034年頃。この頃になるとおそらくインターネット以外の、もしくはインターネットを超える何か別のネットワークや通信技術が発達し、「www.……」といったお決まりの〝ネットページ〟以外の方法で人類は情報を得たり、検索したりし始めるのではないでしょうか。

双子座のエネルギーは「発明・発見」のエネルギーでもあります。そのため、この時期はさらに新発明、新発見、新カテゴリーの開発が相次ぐはず。そして、他の天体との絡みからも、宇宙にまつわる新発見や開発、新規事業が一気に進んでいきそうです。

蟹座キロン

人々に暖かな火を灯す〝超心（こころ）マスターになれる人〟

1938年5月29日〜1941年6月16日
1988年6月23日〜1991年7月22日
生まれの人

蟹座キロンの特性

心の葛藤を超え、フラットな守護者に

蟹座は〝心とか魂〟といった目に見えないけれどそこにあるもの、エモーショナルなところを管轄するとされるサインです。そのため、蟹座にキロンを持つ者とは心の使者であり、人の温かみを伝える人であり、また、〝入魂〟の役割を担う人であるとも言えます。

心の大事さ、志の大切さを伝える使命に向き合うための修行として、若年期に家族と離れ離れになるとか、住まい・家計・家族のできごとでなんらかの傷を負うことがしばしば起こりがちで、また、出生の地を離れることはもちろん、遠方に住むとか海外に移住するということもあるでしょう。それ以外にも心を揺さぶられる芸術作品に出会ったり、自身の尊厳が問われるようなことが起きたりもして、その結果、「心というもの」を大事にするカルチャーが蟹座キロンの人たちの中に醸成されていくこととなります。

そして、人生がある程度進み、その若年期に蒔かれた種が発芽し始めると、蟹座キロンは作品、組

織、コミュニティに〝入魂〟していくお役目を果たすようになります。

神職の方がお札やお守り等に御霊入れをするように、国でも自治体でも組織でもコアスピリットのようなものを入れないと〝体〟はあるが〝心〟がないものになりかねませんが、その心を注入していく、入魂役を果たすのがこの蟹座キロンの人たちの課題でもあるのです。

蟹座は心のハウスを守護するサイン。

そのキロン持ちの人々は、幼少期には家族や異文化の中で悶々としたものを抱えていたりするかもしれませんが、誰にも打ち明けられなかった心の葛藤や理解されづらい心の動きを作品や色や音に乗せて伝えていくことで、多くの人の心に癒しをもたらすことができるという才能を持つ人たちでもあります。

それはきっとこの蟹座キロンホルダーの人たちの「冷めた心に火を灯す、疲れた心に活気を与える」隠れたお役目ではないかと思うのです。

そうして心ある経営、心ある商品づくり、心の込もった接客等をしていると、早晩、誰もが認める「組織の大黒柱や守護神のような存在」として注目されるようになるのではないでしょうか。

蟹座キロンの代表選手には宮崎駿、渋沢栄一、ジョン・ロックフェラー、そして源義経といった面々がいます。

宮崎駿監督はスタジオジブリを率い、他に類を見ない世界観の作品群を世に生み出しました。CGを使わないアニメーション作品で海外の映画賞を受賞するなど、アニメーションの世界を大きく昇華させた立て役者であり、その群像劇の中心にはいつも感性豊かな女性たちがいて男性たちはサポート役として描かれることが多いのが特徴です。これもきっと蟹座が月の象徴で、月は女性性を表すというところに起因しているのかもというのは、私が占星術師であるがゆえに、星に寄りすぎた〝読み〟だと言えるかもしれません。

また、渋沢栄一は2021年現在、NHKの大河ドラマでも描かれている幕末から昭和の世界を生きた実業家ですが、その生涯で設立・運営に関わったとされる会社はなんと500を超えるとも言われる、日本の経済の勃興と近代化に大きく関わった人物でもあります。

そしてロックフェラーは石油王であり、今に続くアメリカ3大財閥のうちの一つロックフェラー財閥の創始者。また、ファミリーでそれらを運営していることがとても蟹座的だと言えます。

最後に源義経は誰もが知る源平合戦の英雄です。平家討伐を果たし、源氏の世をもたらしただけでなく、奥州藤原氏や弁慶、那須与一等、家来やバックアップのサポーター等には恵まれましたが、頼朝という兄との確執が最終的には身を滅ぼす原因になったことなどに、家族関係にエラーが生じやすいという蟹座キロンの〝傷の存在〟を感じずにはいられません。

蟹座キロン生まれはおそらくその「優しさ・慈愛」を周りから求められ続けるタイプではないでしょうか。癒し、優しさ、母性……そういった〝女性的な感性〟のタンクのようなオーラを持つ蟹座キロンは自分が望もうが望むまいが、持ち前の求心力を無意識的に発動させ、心をケアしてほしい人たちや癒しを求める人々がどんどん周囲に集まってくるはず。

そして、誰かの役に立てること、誰かから求められることに対して別段嫌な気持ちになるわけでもないあなたは、最初は組織や集団の要として八面六臂（はちめんろっぴ）の活躍を見せるでしょう。

ただ、頼まれごとが増え続けプライベートの時間も持てなくなるほどになったり、内容がエスカレートしてきたりすると、「私はあなたの保護者じゃない！」などと嫌気がさしたりもしそうです。

また、その逆に不動のパートナーシップを求めたり、絶対的な安心を与えてくれる人をこちらから希求したりすると肩透かしを食らう結果になるなど、終始心がぐらぐらして落ち着かなくなることもあるでしょう。

そしてある時、周りを惹きつける〝母性〟を相手にいいように利用される、つまりこちら側が「向こうにとって都合がいい人」になることを卒業することを決意すると、あなたのその磁力が強力な集客ツールに化けたりするなどして、ガーディアン・守護神としての資質が目覚めることとなります。また、多くのコミュニティとフラットに接することで誰か一人に依存することも、誰かから執拗に寄りかかられることもなくなり、心の平穏を得やすくなるのではないでしょうか。

風の時代仕様になるために超えていくテーマ

優しさの搾取を断ち切り、社会と繋がる

蟹座キロンの世代はその「女性性・母性・ホールド力」ゆえに、周囲にどうしても傷を癒してほしい人、かまってほしい人が集まってきがち。

しかし、特にキロンの傷は優しさや情けを搾取されることによって刺激されがちです。家族からの干渉が多いとか、身内のお世話をすることになるのがこの蟹座キロンのテーマの一つでもありますが、それは背負った課題として粛々とこなしていく必要がありそうです。

そのため、癒し疲れたり抱え疲れて、自分自身もどこかに依存したくなる、誰かに寄りかかりたくなるかもしれませんが、この蟹座キロンの傷は心の繋がりというよりは社会的な繋がりを求めたほうがうまくいきやすく、またそうすることで心の傷も癒され、結果、自分に合うパートナーとの出会いも加速するはずです。

また、蟹座キロンは守護神としての才覚を持ちますので、大きな団体を作ったり、国とか組織とかコミュニティ自体を刷新したり、誰かやなにかの大黒柱や懐刀として、後世に名を残すなんていうこともあるかもしれません。

克服すべき「傷」

- 優しさ・面倒見のよさに便乗されがち
- 本心をわかってほしいと願うがうまく伝えられず、関係がこじれやすい
- 家・学校・組織・地域という鳥籠に囚われてしまう
- 優しくなくてはならない、心ある人でなくてはならないという呪縛にかかりやすい
- 結婚しなければならない、家族を持たなければならないという不安や圧がある
- 〝家モード〟で振る舞うべきではないところで家モードで過ごして恥をかいたり傷ついたりすることがある
- 家族からの期待や願いに沿った人生を歩み、自分の人生を生きる自由を喪失しがち

傷の先にある「超才能」

- **胸襟を開いたコミュニケーションを取ることで〝誰かの心のドア〟を開いてあげることができる**
- **演技・芸術・言葉・表現等で心を揺さぶり感動させることができる**
- **どっしりとした安定感があるので、大黒柱・守護神的な絶対的な安心感を周りに与えられる**
- **家庭料理・インドアの趣味・インテリア等の領域においてカリスマとなれる**
- **家族からの呪縛や洗脳を解き、理想の家庭やキャリアを築くことができる**

キロンが蟹座を巡る時に この世界に起こること

DATE

1938年5月29日〜1941年6月16日

1988年6月23日〜1991年7月22日

2039年4月27日〜2042年5月16日

蟹座は「家族・コミュニティ・場所・心の拠り所・集合意識」を暗示するので、蟹座にキロンが滞在している時には国家、民族、コミュニティにまつわる大きな変化が起こると予想できます。また、外交というよりは内政といったものでその力が発揮されることが多く、近年起きた事例で言うと東西ドイツの統一や天安門事件、また昭和天皇の崩御も過去の蟹座キロンのタイミングで起こっています。

このように、キロンが蟹座を巡る時には内政の転換や市町村の合併等が起こり得るはずですし、また過去にはTVゲームの新潮流が多く誕生したりもしていることから、インドア・家での過ごし方にも大きな変化が起きたりもするのではないでしょうか。

未来における蟹座キロンのタイミングでは、住まいや家族観が変化。町の再開発が活発になったり、商店街が再生されたり、新しいタイプの住居やサブスク式の住まいが誕生する暗示があります。また、蟹座は生活の基本である衣食住を司ることから、まったく新しいライフスタイルが生まれてくる可能性をはらむ時代であると言えそうです。

獅子座キロン

とにかく目立つ〝超ロイヤルな人〟

1941年6月17日〜1943年7月26日

1991年7月23日〜1993年9月3日

生まれの人

獅子座キロンの特性

人生を通して「力の使い方」を学ぶ

獅子座キロン持ちの宿命は〝力〟の采配を学ぶことです。

人の世界には財、人間関係、愛などにまつわる色色な試練がありますが、この〝力〟の試練も相当に難易度の高い課題です。ある意味、力とは人が生きる上で最もマネジメント・コントロールが難しいものの一つではないでしょうか。

例えば、「正義の名のもとに力を行使する」。これは一見よいことのようですが、逆方向から見ればそれはただの暴力や越権行為のように映るかもしれません。また、力ある者に生まれた人が思うがままに剛腕を振るうのはただのワガママであり、ヤンチャな行為に他なりません。

このように力はインテリジェンスを伴うことで初めて、生かし方や使いどころがわかるもの。そして獅子座キロンホルダーはこの「使いどころ・行使の仕方」を力で抑圧されたり、逆に強権を振るいすぎて周囲からブレーキをかけられたり、誰かの暴走を目撃してそれを反面教師にしたりする経験を重ね、人生を通して〝力の使い方〟を学んでいくこととなります。

ちなみに今まで、キロンとは傷でありそのダメージを癒す術を学ぶことで魂が成長するとお伝えしましたが、獅子座キロンの傷は12星座中、比較的大きい規模で炸裂する傾向があります。

一つ例を挙げてみましょう。

ある人が〝失態〟を演じたと仮定して、その当事者が著名であればあるほど、本人のみならず関係者や身内等も社会的なダメージを受けたりするでしょう。また、自分に非がないとしても、火消しに奔走するエネルギーも自身の知名度・影響力に比例して相当なものになるはずです。

そのように自分の判断ミスや一挙手一投足が組織やコミュニティに大きな損害を与えるかもというプレッシャーを常に背負ったり、また最初からそのような生まれ育ちだったりするのがこの獅子座キロンホルダーには多いように思います。いずれの場合にしてもキロンが学ばせたいことの真意は、失敗したときの振る舞いを含む、「王様としての在り方・王族的精神そのもの」なのではないでしょうか。

上に行かないと見えない景色があり、上の立場にいるからこそ意識しないといけないマインドがある。そういったものは巷でもよく言われることではありますが、本当の意味でのノーブルマインドといったものを全身に染み込ませることが、このキロン生まれの生涯の課題なのだと思います。

また、獅子座とは恋や愛情、育成といったエリアを司るサインでもあります。ただ、キロンは〝傷〟のため、恋愛において辛酸をなめるとか、はたまた子育てや後進の育成の仕方で悩むということが発生しがち。とはいえ、それらは魂の進化のための課題なので、逃げずに立ち向かっていきたいところです。

この獅子座キロンを持つ人は王国を築き、心身ともに王様になっていくことを生涯をかけて学んでいきます。そのため、どこかのタイミングで独立をするとか、事業家に嫁ぐとか、夫婦で家業を起こすなど、色々な形で〝独立〟した存在として社会と関わることが多いはずです。

また、その独立というのは必ずしも経済活動ということはなく、クラブ活動を主宰するとか、先生・指導者というポジションで教育や団体運営等に関わることで社会への関与を達成するということもあり得るでしょう。

ただ、この獅子座キロンホルダーの人たちは、小さくまとまろうとすると、なぜか外圧等が生じて、その城壁が崩されていくようなことが起きるかもしれませんが、それはきっと、「小国でまとまろうとせず、もっと大きい世界を目指せ」というキロンからのメッセージ。

そのためせっかく作り上げてきた城ではありますが、人生のどこかのタイミングでその場所から自ら去っていくなんていうこともあり得ます。

そうしてスクラップ&ビルドを繰り返し、艱難辛苦を乗り越えていくと、きっとその先には「小国ではなく大国の王」になったあなたの姿があるはずです。皆から慕われる名君・帝王然とした存在となり、〝ノーブルマインド〟をその背中で示していく、王の中の王のようにもなれるはずです。

ちなみに獅子座というのは「エンターテインメントやクリエイティブ」といった要素を持つサインでもありますから、面白さ・楽しさ・エンターテインメント性を学び、人生の一要素として足していくことで一気に事業や生活がよい方向に進み出すなんていうこともありそうです。

エンターテイメント、帝王といえば、『指輪物語』の作者J・R・R・トールキンもこの獅子座キロンの生まれですし、またケンタッキー・フライド・チキンの創始者であり、またフランチャイズシステムの生みの親でもあるカーネル・サンダースもこの獅子座キロンを持っていた人です。

こうしてみると特にカーネル・サンダースはまさにその商品や店舗だけではなく、自分自身もがブランドの顔・アイコンになったことからも、〝帝王然とした獅子座キロンの完成系〟のような人ではないかと感じています。

風の時代仕様となるために超えていくテーマ

目立つことを避けない

獅子座キロンの世代はその威風堂々とした風格ゆえにどうしても目立つことが多いです。そのため、一挙手一投足が周囲・世間から注目されることになり、その〝世間の目〟というものに監視されているようなストレスが〝奇行・暴走のトリガー〟となったりするかもしれません。

また、天然のカリスマ性を持つため、自分の力の使い方がわからないうちは、つい調子に乗って失言や過ぎた言動をしてしまい、周囲の人たちを傷つけてしまったり、よからぬ噂を撒き散らすことになったりすることも。逆に、自身がその風評の対象になるなんていうこともあり得るのが、この生まれの特徴です。

王たるものの責務を果たすこと。

それが獅子座キロンの試練なのですが、生まれや血筋は王族でも、最初から〝王たる振る舞い〟ができる人はいません。なぜなら、王族の様式は生活の中で習得していくものだからです。

これら王族のお話はもちろん比喩ですが、この獅子座キロンホルダーはロイヤルな役目を果たすことが宿命づけられていますので、その持ち前の華やかなキャラクター性を「目立つのが嫌」といったふうにネガティブに捉えるのではなく、どこかで「そういう宿命なのだ」と開き直ること、むしろそのキャラクターを積極的に使うことが、キロン克服へのファーストステップとなります。

他の人が持ち得ない自分のスター性に気づき、芸事・社会活動等に使うなどして、〝ポジティブなもの〟に転換させていく。それにより獅子座キロンの傷は、周りを鼓舞するとか、よきものを承認するといった、元気や活気を供給できる超才能へと変わっていくはずです。

克服すべき「傷」

- 目立ちやすいキャラクターのため、トップやリーダーになるなど負荷がかかりやすく、ストレス過多になりやすい
- トップとしてあるべき姿を示せるよう幼少期から英才教育的に（形的にはそうではなくても）しつけられたり、周囲からの厳しめの干渉が多く発生したりする
- 気高く生きることを強制され、制約・規則でがんじがらめになりがち
- 見せしめやさらしものになりやすく、連帯責任を負わせられやすい
- 人をうまくまとめられないというジレンマを抱きがち
- 自分のイズムに共感者がいる一方で離反する人もいて、寂しさや葛藤を抱いたりする

傷の先にある「超才能」

- 自分を中心にしたワールド、キングダムを作り出せる
- 創造性が豊かで、オンリーワンのイズムを創作物に乗せ世界に届けられる
- リーダーシップやノーブルマインドに溢れる人たちを育てることができる
- 自分の意思を打ち出すことへの恐怖を払拭できる
- アンバサダー的な生き方をして、多くのよいもの・人・こと・場所に御用達（ｗａｒｒａｎｔｙ）的な付加価値を与え、目立たせることができる

キロンが獅子座を巡る時に、この世界に起こること

DATE

1941年6月17日〜1943年7月26日

1991年7月23日〜1993年9月3日

2042年5月17日〜2043年10月23日

過去を振り返ると、キロンが獅子座にいる時には比較的戦争や諍(いさか)いが多く見られました。ただ、あくまでこれらは過去のことなので、これからの獅子座キロン期間にも必ず戦争が起こるとは限りません。ただ、「自治権の要求」や「権力者・王様の権威を誇示し、強権を振るうこと」は起こり得るのではと思います。

国・権力者、そういうものが〝クラッシュする＝傷ができる〟ことをキロンが表すので、その期間には越権・越境していく動きがそこかしこで見られるはず。今で言うところの敵対的買収や吸収合併劇が多発するということもあり得るシナリオではないでしょうか。

国や組織ではなく個人の話で言うと、〝圧力〟に耐えられなくなった人たちがその環境から脱したり、反撃に転じたりといったことも起こり得るので、結果、独立や起業等が相次ぎ、強い個性の台頭が起こるのがこの獅子座キロンの期間なのではないかと思っています。

また、獅子座は〝I create〟の暗示を持つサインでもあるので、エンタメの世界やデザイン・建築・映像等の業界において新星が誕生するとか、新しい潮流が誕生するという予感もあります。

乙女座キロン

調整や分析に長けた〝超エンジニアな人〟

1943年7月27日〜1945年7月22日
1993年9月4日〜1995年9月9日
生まれの人

乙女座キロンの特性

制約の中で最適解を見つけられる

乙女座とは黄道十二星座の6番目、ちょうど中間地点に座するサインです。

真ん中であるということは下でもなく上でもなく、左でも右でもないという状態でもあるので、非常にニュートラルで中庸な空気感を携えているのが乙女座の気質でもあります。

そのため乙女座や天秤座といった〝真ん中あたりにいるサイン〟は、今までを振り返ったり、これからのことを考えたりといった軌道修正のエネルギーを持つとも言われています。

中間考査の結果で苦手と得意がわかったり、時代の進み方をふまえ、新しい何かを加えるマイナーチェンジを商品に施したり、ちょっとした修正・変更を加えたりできるのがこの中間地点の意味であり、また存在意義なのかもしれません。

実際、乙女座のキーフレーズは〝I analyze〟（我、分析す）等とされていることから、この生まれの人たちは社会や組織やなんらかの基盤といったものが正常に機能しているのか、このままそれを維持していいのかというような「調整・精査」の役割を星々から託されていたりもするようです。

この中間のポジションとはエンジンの力を最大化するギアボックスのような働きをするセクションでもあるので、ギアがうまく機能するならエンジンの力を何倍にもすることが可能です。

そのため、乙女座キロンホルダーは中央が生み出した力を効率よく広げ、拡散、最大化するようなミッションに携わることが多く発生するはずです。

そういった「整備・整理・運営」に長けているのが乙女座キロンの特性であり、また、誰かが作り上げたルールや決まりの中で最適解を求めていくといったことが得意であったりもします。しかし、人生のどこかのタイミングでそのルールや制約の中であまりにもよいスコア・結果を叩き出してしまい、周りから反感を買うとか嫉妬されるとか、はたまた、急に今まで没頭してきたゲームやルール自体をつまらなく感じたり、憤りを感じるといったことがあるかもしれません。

そういったルール・システムから飛び出したいといった感情が起こることこそまさにキロンの傷のうずきそのもの。既存の制度から逸脱したいといった心情や気持ちはルール自体を改変・改革していきたいという流れとなり、結果、新しい団体を創設したり、新しいスタイルや流儀を創出するという展開へと繋がっていくはずです。

また、乙女座キロンホルダーは〝土台〟を作る素養に秀でていますから、台本を作るとか世の中における基盤、例えばなんらかのシステム・土壌の創生に関わるなんていうこともあったりするのではないでしょうか。

ちなみに乙女座キロンの真骨頂は痛めつけるレベルの〝完璧主義〟なところ。そのため、仕事は完璧にこなすのですが、この特性が強く出すぎたならば、こだわりや美学からか、自分に自信が持てなかったり、自身をいじめすぎてしまったり、はたまた人からは絡みづらいとかとっつきにくいと言われ距離を取られたりするなんていうこともあり得るので、多少の緩みを持たせることも時には必要です。

ただ、これこそ乙女座キロンの傷の一つでもあるので、この克服には多種多様なジャンルの人々との交流を通して人を知り、人や自分に厳しくしすぎないマインドを養うことが必須となるでしょう。


また、乙女座とはしばしばエンジニア的なサインであると言われますが、実際この乙女座キロン生まれには、豊田喜一郎（トヨタ自動車創業者）や早川徳次（ＳＨＡＲＰ創業者）など、エレクトロニクス・自動車といった日本の基幹産業の祖だけでなく、多くのＳＦ好きの心を摑んでやまない名作『スター・ウォーズ』、その生みの親であるジョージ・ルーカスも含まれます。

乙女座の凝り性でエンジニア的な気質がハマると、こういった世界的メーカーやプロダクション、スタジオオーナー等になったりして、ある権限や土壌を持つこともあるでしょう。

一旦そうなれば、名もなき若者やアイデアの種を持つ者に成長の場を提供したり、彼らを起用することでスターダムに押し上げたりして、乙女座の土台力・基盤力を遺憾なく発揮していけるはずです。

そしてそれがまた自身の傷、乙女座キロンの傷の癒しと完治へと繋がっていくのです。


占星術の世界では、〝治療・ケア・管理〟といった分野を担当するのは乙女座と魚座の二つだと言われており、乙女座キロンはその中でも〝見える世界〟〝物質世界〟のチューニングやメンテナンスのマスターになっていくという暗示を持っています。

自身の体のエラーや不調を自分で人体実験をしながら治していくことで、その分野のマスターになっていったり、また人に教えるようになっていったりということもあるでしょう。また、〝分析・解析〟の力を持つことから、新しい治療薬や治療法、はたまた術式自体を開発するということもあるかも。そういう意味では、人体の癒し方、組織・社会の仕組みを刷新していくのが乙女座キロンの宿命と言えるものなのかもしれません。

風の時代仕様となるために超えていくテーマ

現状に固執せず、もっと大きなスケールへ

乙女座キロンの世代はしっかり者の才覚を持つゆえにどうしても他者の面倒を見るとか、救済のために新しいシステム・基盤を作るといった役目がついてまわりがち。

ただ、やればやるほど助けを求めている人が増えたり、リクエストのレベルが上がってくることで、最終的には助けるマインドでいることがむしろ〝助かりたい人・助けてほしい人〟を増やしているのかもしれないと気づき始めた時に、乙女座キロンの傷はうずき出すことになります。

助かりたい人をほっぽりだして、自分のやりたいことに向かっていいのだろうか。そういう葛藤が心の中でぐわんぐわんと回りだし、投げ出すことは無責任であると感じたりもするかもしれません。

ただ、今自分が担っているのは小さきシステム・基盤であり、これから向かう先はもっと多くの人を救える、より規模の大きなものであると捉えると、見捨てるわけでも無責任なわけでもないということが理解できるかと思います。

現状の役目に固執せずに、より大きなスケールで精度の高い仕事を行うことがあなたの持っている星を生かす真の方法であり、最速でキロンを克服する方法の一つです。そのため、あなたが新システムを導入することで現行のシステムを手放す・壊すこととなっても、またその開発者を傷つけることになったとしても、それは〝進化〟のためには致し方ないことなのかもしれません。

また、自分の力で人を救うのではなく、〝自分の作った仕組み〟が人を救うようにするため、自分が理想とするシステム・基盤を整えることを目指すと、そこから、協力者、スポンサー等が現れたりして、一気に人生にブーストがかかっていくのではないでしょうか。

克服すべき「傷」

- 補佐役として最高の才能を発揮するが、仕事に没頭して家族等をないがしろにしがち
- 仕事や考え事にエネルギーを取られすぎて、体のことがそっちのけになりやすい
- トップや同期たち、ライバルからも頼られるが、下からは煙たがられがち
- 自分にも他人にも厳しく、周りから距離を置かれたりすることがある
- 過ぎた完璧主義と神経質さで体調不良になりがち
- 完璧でなければならないという呪縛がある

傷の先にある「超才能」

- 精神や体を病んだ経験から、治癒・解毒のエキスパートになれる
- ワールドスタンダードになる可能性がある新しいシステム・商品を開発する力を持つ
- 多くの人を雇用したり、才能を開かせていく土壌を作ることができる
- 面白い企画や世界観を生み出し、それをチームで実現していくまとめ力がある
- たゆまぬ研究、研鑽の結果、新しい術式や動物の生態の発見、新薬の開発をしていくなど、開発・分析・観察力を持つ

キロンが乙女座を巡る時に この世界に起こること

DATE

1943年7月27日～1945年7月22日

1993年9月4日～1995年9月9日

2043年10月24日～2045年10月25日

キロンが乙女座にある時期にはドーバートンネルが開通（イギリス・フランス間）したり、欧州連合やWTO（世界貿易機関）が発足したり、人類史上おそらく最大のリテールプラットフォーム、Amazonがサービスを開始したりと、まさに土台となるものや基盤が変化していった時でもあります。

また乙女座が土のエレメントに属するからなのか、1944年の東南海地震や1995年の阪神・淡路大震災がこの時期に起きており、キロン・乙女座期間には土地や地質にまつわるなんらかの変動が起きる可能性もあります。

そのことからは、乙女座が基盤を表すサインであり、土のエレメントの一つであるというホロスコープのセオリーとの不思議な因果・シンクロを感じずにはいられません。

乙女座は「整えていく」というバイブスを持つサインですので、このタイミングで起こることをきっかけとして、建物の耐震補強をしようとか備蓄を見直そうとか、有事の際の対策・施策が進んだり予算が組まれて、危機に対する意識が高まったりするのではないでしょうか。

天秤座キロン

愛を深く学ぶ〝超人間関係力を持つ人〟

1945年7月23日〜1946年11月10日

1995年9月10日〜1997年9月2日

生まれの人

天秤座キロンの特性

人を惹きつける力が招く問題に向き合う

天秤座は〝他者との関係〟を学ぶサイン。そのため、しばしば「結婚・パートナーシップ・社交・人間関係」といったキーワードと天秤座は蜜月な関係になりがちです。そしてそういったエリアに超才能であり傷でもあるキロンを持つというのはいったいどういうことでしょうか？

天秤座は金星を守護星に持つことから、とにかくキラキラとした波長を持つサインの筆頭格。

そのため、天秤座の要素が強い人とは俗な言い方をするのであれば〝モテ係数〟が高い人であり、人を惹きつける魅力がある人だと言えます（まだ発現していなくても潜在的可能性があります）。

ただ、その強い人たらし力、人を引き寄せる磁力はときに自分が苦手とする人や勢いが余りがちなファン、距離感を異とする人まで引き寄せることもあります。その度に嫌な気持ちになったり、実害が出たりしてキロンの傷が発動し、人間関係の苦手意識が深くなり、傷が膿（う）んでいくこととなります。

また、夜の明るい電灯のように良くも悪くも勝手に色々なものを引き寄せる自分の性質を強く感じたならば、「過剰に自分自身をガードする」とか「対人関係における距離感を常に意識する」ことで精神的にすり減り、どんどん心が摩耗していくということも起こり得るでしょう。

長年の鑑定の現場で得た感覚を基にすると、天秤座キロンはある意味〝傷の克服難易度〟が高めです。その理由は必ず対人関係においてその傷が発生、疼くことであり、また、人はこの世界で人間関係を省いては生きられないものであるからです。

人は自分のことだけなら案外サラリと何かを決断できたりもします。ただ、他者が絡むと話は別。迷惑をかけるんじゃないか、関わらないほうがよかったんじゃないかと、相手の立場を思いやる視点が加わり、決断自体が難しくなったりもするもの。

そのため、自分が強く出てしまったがゆえに相手が自暴自棄になったらどうしようとか、自己犠牲的に生きることで相手が喜んでくれるならそれでいいとか、つい他者との関係においてバランスを崩してしまいがちなのがこのキロンの特徴でもあります。愛し、愛されたいのに距離を縮められない、または、どうしても過去の傷が疼いて、誰かと深く接することを拒絶してしまったり。

このように「人間関係でのもやもや発生率ナンバーワン」を冠するのが天秤座のキロンの特徴であり、それこそが天秤座キロンが克服難易度高めであるという自説の理由と言えるものです。

天秤座は〝愛〟を表すサインでもあります。

そのため、「博愛・隣人愛・友愛・性愛・兄弟姉妹愛・家族愛、時にファン的な推しの愛」といった、色々なタイプの愛を学ぶ宿命があるのですが、キロンを天秤座に持つとそのバリエーションの幅と密度が強化。おそらく前述の全ての愛における深き学びが人生を通して待っているはずです。

愛憎劇なんていう言葉があるぐらいですから、愛の学びに時にえぐられるようなダメージを経験することもあるでしょう。

愛は本来、パターンも攻略本もないもの。だからこそそれらを乗り越えた時に最上級のリターンが天秤座キロンホルダーにやってくることとなるはずです。実際、若年時には愛にまつわる諸々で苦い経験を重ねるかもしれませんが、愛というテーマにおいて、〝最後に笑う〟のはきっと天秤座キロン保持者のはず。他者もうらやむ絶対的なパートナーや背中を任せられる人を見つけ、その人と人生を共に歩んでいくのではないでしょうか。

また、今は古き価値観は風に飛ばされていく新時代・風の時代です。そのため、前時代のようにパートナーは一人であるとも限りません。

天秤座キロンの方々が若年期の恋愛でうまくいかなかったりするのは、もしかするとＬＧＢＴＱや、アセクシャル、ポリアモリー等、新時代的なパートナーシップを開拓していく役割を持っているからなのかもしれません。

この天秤座キロンには〝アップデートする〟という役割も与えられています。生活を便利に快適にする、新しい技術や知見を異なる領域へと橋渡しをする、はたまたポップにすることで世に広く知らしめていく、という役割を担うのがこのキロンです。

それでいうと、マルチカラーのストライプ柄をブランドの象徴となるまで高めた〝Ｐａｕｌ Ｓｍｉｔｈ〟、その創設者であるサー・ポール・スミスは、天秤座キロンの〝ポピュライズ〟感をわかりやすい例で具現化している好例かもしれません。

また、利便性や快適さという意味では、数々の生活家電を世にもたらした松下電器産業の創業者、松下幸之助、そして電球を発明したトーマス・エジソンも実は天秤座キロンホルダーです。

これをご覧の天秤座キロンの生まれの方々はきっとここに連なる天才たちの名を見るに、「私は今世で一体何をアップデートするのだろう」などと期待に胸を膨らませるのではないでしょうか。

風の時代仕様となるために超えていくテーマ

自分を卑下せず、いい子の仮面を外す

天秤座は12星座の中で唯一〝照らす〟ことができるサインです。撮影等で使うレフ板をイメージしていただけるとわかりやすいでしょうか。

レフ板によって光を対象に当てることにより、その対象物が際立ったり、美しく見えたりする、というのがレフ板の効果ですが、天秤座の持つそれは「圧倒的な際立たせ力・引き立て力」と言えるもの。そのため、天秤座キロンの人が何かを紹介すると、その対象物は圧倒的な輝く光の衣に包まれるので、人々の目には〝なにやらすごいもの〟のように映るはずです。

また、天秤座キロンの世代はその天性のバランス感覚ゆえに〝中庸点〟を瞬時に見極められるという特異な才能を持ちます。客観力や客体性にもすぐれるため、どうしても無意識に人が自分に投影する理想や期待どおりの自分を演じて、集合意識のマリオネットのようになってしまいがち。

ただ、そういった「自己表現ができないこと＝自分がないダメな人」という固定観念を超えた時、天秤座キロンの傷は癒され、〝アイコン〟としての人気が花開くことになります。

人に嫌われない素質を生かして、多くの人たちと浅くでもいいので繋がっていくことで自分の価値を確認し、天秤座性とも言える〝金星の愛され気質〟をさらに高めることができます。そうするうちに、誰にでもいい顔をしてしまう癖という傷は癒されて、プライベートでは〝いい子の仮面〟を被っていない本当の自分を出せるようになっていくでしょう。

また、そんな自分を愛し、受け止めてくれる人も現れ、愛の星・金星を守護に持つ天秤座らしく、博愛、友人愛、性愛、グローバルな愛と、ありとあらゆる愛についてのマスターとなって、〝愛の使徒〟として世間からも認知されていくこととなるはずです。

克服すべき「傷」

- 自動的に周りからの寵愛を集めるモードが発動する
- 称賛を受けたり、すごいと言われるようなことができたり、またはそういうものを本能的に求めてしまう
- ブランド的なものに頼ろうとしがち
- つい流行りものに手を出し、散財する傾向がある
- 傷つき傷つけたくないという思いから、本当に大事な人と深く付き合うのを怖がる
- ダサいところ、格好悪いところを見せることから全力で逃げたくなる
- 客観的に格好いいかどうかを無意識レベルで意識してしまう（ナルシズム高め）

傷の先にある「超才能」

- **真贋を見抜く、本物を嗅ぎ分ける**
- **インフルエンサー的な、拡大、拡散、拡張のバイブスを持ち、よいもの等を広めることができる**
- **人の輪の中心にいたり、なにかに大抜擢される存在感を持つ**
- **2割増しくらいセンスよく見られがちな雰囲気がある**
- **トレンド・ファッション等のリーダーになれる素質がある**

キロンが天秤座を巡る時に
この世界に起こること

DATE

1945年7月23日～1946年11月10日

1995年9月10日～1997年9月2日

2045年10月26日～2047年10月23日

愛の星・天秤座にキロンが巡る時、過去には1945年の第二次世界大戦の終結、1995年のベトナム戦争後のアメリカとベトナムの国交が正常化、ウィンドウズ95の発表、そして1997年のスターアライアンスの誕生などがありました。

こういったことから、天秤座キロンは繋がりの拡張、関係性の修復・アップデートを促す作用があるとは言えないでしょうか。そのため、これから迎える直近のキロン・天秤座期間（2045～2047年）には、自由・国際問題を示す射手座に土星が入っている影響もあり、セクシャリティ・結婚にまつわる法律・条例等がアップデートされたり、国やエリア間で起こっている国際問題が解決したりするなど、〝何かの分断〟が解消に向かっていく気配を感じます。

また、天秤座はカルチャーを表すサインでもあり、1995－1997年の天秤座キロンの時代はCDや週刊漫画雑誌が非常に売れた時期でもありました。これからの未来、2045～2047年には〝指数〟となるものがダウンロード数なのかなんなのかは皆目見当もつきませんが、いわゆるメガヒットが生まれたり、社会現象となるようなカリスマ的なバンドやアーティストが誕生したりするのかもしれません。

蠍座キロン

常識やタブーに切り込む“超本質を見抜く人”

1946年11月11日〜1948年11月28日

1997年9月3日〜1999年9月21日

生まれの人

蠍座キロンの特性

人を刺激し、常識をひっくり返す

蠍座は破壊と再生を司る星・冥王星を守護星とするサインです。

そのため、ネイタルチャートで天体が多く蠍座に入っている人は、人生のなかで生きながらにして生まれ変わるような大胆な再生劇・リセット等が起きやすいと言われています。

そんな破壊と再生のエネルギーという“究極的な波動”を持つ蠍座、そして傷とも言われるキロンをその毒蠍の部屋に持つ人の人生は、どこをどう切り取っても波瀾万丈なものになりがちです。

実際、生き物の蠍は数ヵ月食べなくても生きていけるほどに生命力が強いと言われています。そんな驚愕のバイタリティの波動を転写されたかのようなしぶとさと忍耐力がこの蠍座キロンの持ち味でもあるのですが、ではなぜその“耐性”を授けられているのかというと、この蠍座キロンの役割が「タブーとされるところに大きく切り込む」というものだからです。

マジョリティや既得権で固められた社会は一見安

定した社会のようですが、正しい循環が行われなくなることでいつしか腐敗まみれとなったりしがち。

そんな窮状に大胆にメスを入れていくのがこの蠍座キロンの役割なのですが、悲しいかな、そういう役目にはどうしても権力側や民衆等からの反発や反撃といったものがついてまわるもの。当然、そういった諸ノイズに対して防御する必要があるため、鉄壁のガード耐性を生まれた時から授けられているのが実はこの蠍座キロンの人たちなのです。

時代が変わる時には、どこか陰があるダークヒーローや権謀術数に長けた参謀格、カリスマティックなリーダーが現れたりもするもの。

また、そういった人たちはどこかアグレッシブで人の心を刺激する発言をするものでもありますが、それこそが蠍座の毒針のエネルギーが転化したものではないかとも思うのです。

生き物の蠍が尻尾に毒を持つことは有名ですが、蠍座の毒は、社会におけるタブーや閉塞を起こしている社会構造、時代が作りあげてきた当たり前とか常識といったものを溶かすために放たれる毒であり、いわば正義の毒とも言えるもの。

とはいえ硬直化した社会構造を壊していくのは並大抵のことではないので、いくら蠍座が必殺の毒針を持っているといっても、その一撃を振るうには相当の勇気や胆力が求められます。またその毒針の振るいどころを見極めることも蠍座キロンの宿命なのではないでしょうか。

しかるべきタイミングで毒を使えたなら、毒は人人の目を覚まさせるような強烈な気つけ薬となり、時代の寵児として讃えられたりもするでしょう。でもタイミングを間違ったならば、ただの空気を読まない発言をする人とか攻撃的な人として世間から冷ややかな目で見られることもあるかもしれません。

蠍座キロンは毒の使い方、つまりは時代をひっくり返すそのカードをいつ切るかというところが人生の分かれ目となるのではないでしょうか。

蠍座は12星座一〝受け取る〟ことがテーマとなっ

ているサインでもあります。ギフトをもらうこと・継承すること・謝礼・報奨金・スポンサーから定期的にお金が入ることなど、〝受け取る〟にも色々な経路がありますが、蠍座が強めな人は人生の中でそういった受け取ることを頻繁に経験するはずです。

また、逆に受け取ることが苦手で人の厚意や施し等を気持ちよく受け取れないという人も一定数いらっしゃるはずです。そういう人は「うまく受け取ることこそが修行」であると捉えて、素直になること、甘えることを意識してみるとよいように思います。

蠍座のキーワードには「性愛・母性・慈愛」といった誰かとの深い繋がりの中で生じるものがありますが、そういったエリアになんらかのトラウマが生じやすいのがこの世代の特徴でもあります。特に結婚後のこととジェンダー・セクシャリティについては、この生まれは〝既成概念を覆す変革者〟となっていく暗示があるため、社会の中でマイノリティとして生きるとか、またはその立場を確立、改善していくことに従事するとか、もしくは、今までの夫婦像・パートナーシップを刷新するようなことを人生で経験しがちとも言えます。

蠍座の守護星は冥王星という星で、生死とか破壊と再生といったものにご縁があるというのは前述の通りなのですが、そういった理由から蠍座と「死生観・宗教（死生観を定義するものであることが多いため）」といったものとは関係が深く、蠍座キロンの生まれは人生の中で一回死にかけるとか、社会的なステータスのリセットを含め、相当な痛みを伴う何かを経験するといった人も多くいます。または身内・親類、近しい人の死や病といったものをトリガーにして、自分の使命や自分の生き方を自問自答し、その頃からライフスタイルが激変するといった人もいらっしゃるかもしれません。

実際、前述のように大きな痛みを伴う経験をし、それ以降人生が激変した例でいうと、アーティスト・ビートたけしはまさにこの蠍座キロンの代表格と言えるでしょう。その作品も明らかに傷を負った人たちゃ社会の裏側を生きる人たちを描いたものが多く、そのノワールなところもとても蠍座的です。また、薬物やアルコール依存等にも苦しみつつもアーティスト活動を続け、同性愛者であることを公表しているサー・エルトン・ジョンも同じくキロン蠍座の生まれ。その明らかに振り切れたステージパフォーマンスからも、極端に走る傾向を持つ冥王星をその背に負う蠍座キロンの真髄が感じられます。

風の時代仕様になるために超えていくテーマ

器の大きさゆえにかかるストレスを溜め込まない

蠍座キロンの世代はそのキャパシティの大きさゆえにどうしても過度に期待をかけられたり、家督・継承・相続・分与等で大きな何かを若年期から背負うことが多いでしょう。特に蠍座キロンの傷はなんでも任されたり、過度にプレッシャーをかけられたり、注目を浴びたりすることで刺激されるかもしれません。

また、蠍座キロンはタブーに切り込み、それをタブーでなくしていく、中和していくような波動を持ちます。そのため、地雷原に突っ込んでいくようなことも人生の中で多々起きるかもしれませんが、〝地雷原〟をだいぶ歩き回って、埋め込まれている爆弾を全て爆発させるか、取り除くことができたなら、そこはもうただの原っぱのはず。

危険地帯を中和し、危険認定を解除していくのがこの蠍座キロンの役割なので、この母なる地球の〝危険物処理班〟としてこの世の歪みを正していくことが、この世代の課題であり魂の目的なのではないでしょうか。

克服すべき「傷」

- オーラを隠しても独特の雰囲気があると言われる（強面とか近寄り難いとか）
- 人生をフルリセットしたくなる衝動に駆られる
- ジェンダー・セクシャリティについて悩みが起きがち。表に出しづらい恋愛に惹かれる
- ストレス耐性は強いが、溜めて溜めて一気に吐き出してしまう
- 霊的に敏感なところがあり、そういう能力や見えるものに対し怯えたり無視したりする

傷の先にある「超才能」

- 性・パートナーシップにまつわるタブーや常識、当たり前を〝破壊・刷新〟することができる
- 心や精神を治癒する究極の癒し手になれる
- 表ではない仕事、マイノリティに属する仕事において絶対的なポジションを築き、マイノリティの地位向上ができる
- 独特の色気・華を持つオンリーワンのカリスマになれる
- この世にあるタブーを中和するなど、解毒士のような働きができる
- 特定の業界の教義のようなものをバージョンアップすることができる

キロンが蠍座を巡る時に この世界に起こること

DATE

1946年11月11日〜1948年11月28日

1997年9月3日〜1999年9月21日

2047年10月24日〜2049年11月9日

この世界は陰陽でできています。昼があり夜があり、男がいて女がいます。表があれば裏も存在していますが、主となるのはどちらか一方。昼には太陽が空の主役になり、夜には月が世界を照らすように、その表裏というのはある一定周期ごとに巡るものなのです。

そういった流転のリズムを持つのがこの地球ですが、その昼・夜がひっくり返るようなこと、つまり"常識とか普通とか当たり前"とかがシフトするようなことが起こるのが、この蠍座にキロンが来るタイミングなのです。

そのため、この時期には何か定説的なものが覆る、新しいルールを敷くために古きものを破壊、刷新するなど、比較的規模の大きな、いわばリセットのようなことが起こる可能性があります。マジョリティとマイノリティ、そのパワーバランスがひっくり返ったり、価値観を大きく揺さぶるような事件や革命の使徒が世に現れたりするのかもしれません。

また、蠍座は性や結婚生活といったところにも縁深きサインでもあります。この時期にはセクシャリティや夫婦関係、パートナーシップ等に変革の嵐が吹いたりして、ジェンダー・セクシャリティに対してより寛容な世界へとこの世の常識がアップデートされていくのではないでしょうか。

射手座キロン

旅に生きる〝超開拓者マインドを持つ人〟

1948年11月29日〜1951年2月8日

1999年9月22日〜2001年12月11日

生まれの人

射手座キロンの特性

人に伝え教えることで、才覚が世に出ていく

射手座キロンホルダーは天から自由な創造性と新境地開拓の使命を与えられた人々です。

ただ、キロンは〝乗り越えるべき障壁〟のような意味を持つため、力や財力、権限といった環境的な要因が揃わないうちは、外に行こうとすればするほど、旅に出ようとすればするほど、なんらかの抵抗にあったり、足を引っ張られるようなことが勃発し、結果、出発が遅れることもあるでしょう。

また、射手座の持つ旅人・冒険家としての天性の素質があなたを旅に駆り立てたとしても、その道中の安全や平穏無事な航海が保証されているとは言い難く、それこそ多種多様な試練が旅の準備の間、はたまた旅の途中で起こったりもするのではないかと思うのです。

とはいえ、外国や外の世界に飛び出して道を作ったり、新しい領域を切り開いたりといった〝突き抜ける〟運勢を持つのが射手座キロンホルダーなので、早晩なんらかの冒険に向き合っていくライフイベント、またはそういうタイミングは必ずやってきます。

そして、「今がその時」と感じたなら、迷わず飛び出していくことがキロン（傷）克服に向けた最良の一手となるはずです。

また、先ほどとは逆のことのようにも思われるかもしれませんが、自身の星の配置によっては、海外留学や研修、親の赴任のためなどで早い時分で海外に住む、外国語を使う環境に身を置くという人もいます。ただ、その際には人種・風習的な障壁や文化の違いによるカルチャーショックのようなものを強く感じたりするかもしれません。

なぜなら、そういった〝摩擦〟を感じさせたりするのもカルマの解消を促すキロンの仕事であり、役割でもあるからです。キロンはそうして魂の傷といやでも向き合わせるように、人生のいたる所で私たちに働きかけてくる存在なのです。

輪廻の中で積んできた魂のカルマのようなものの返済。その返済のプロセス自体を示すものがキロンの座標でもあるのですが、実際にキロンの提示するプロセスを経て、返済が完了した暁には、射手座のキロンホルダーの場合には外交・海外・文学・冒険・発明・発見等の分野で大きなリターンがやってきたり、前人未到の境地への到達や先駆者的なポジションの獲得、その戴冠の儀式が待っているはずです。

ちなみに射手座キロンホルダーにはアーネスト・ヘミングウェイ、サン＝テグジュペリ、パメラ・L・トラヴァース、アルフレッド・ヒッチコック、川端康成、村上春樹、杉原千畝等がいます。ずらりとならんだこの顔ぶれを見るだけでも、射手座キロンが旅とか外国とか哲学・文学と関わりが深いサインであることがわかろうというもの。

基本的には射手座キロンホルダーは、狩人が単独で山に入り、自然と向き合い、獲物を捕獲するように、一人で旅に出て物思いにふけったり、精神的・哲学的な探究をしたりと、内的世界の冒険を好む人たちかと思います。

また、そういった知的な旅の中で満足度を高めて

射手座キロン

いく、感動体験を積んでいくことが射手座キロンホルダーの本来のスタイルだと思うのですが、自分の中だけで留め置かず、探究の旅で得たものを発信し外に伝えていくことが実は射手座キロン世代の人たちの課題でもあります。

射手座は〝先人〟となる才覚を持ちますが、その旅先で見たもの等を伝えることによって、〝先人〟から〝先生〟に昇格し、その生き方を大きく変えていくこととなります。

そしてこのプロセスこそが射手座キロン持ちにとってもっとも重要な傷の克服の儀だといえます。なぜなら教えることは自分にとってはもう知っていることを繰り返していくこととなりますから、射手座本来の快楽の種である〝先へ先へと行く楽しみ〟はもうそこにはないからです。

ただ、教えていくことに楽しみを見出し、人を導くこと自体に生きがいややりがいを感じられれば、とたんにこのキロンは生き生きと輝きだし、優れた師として多くの生徒に恵まれたり、後世に名を残す教え子をたくさん持つこととなるはずです。

また、この射手座キロン世代は精神性、哲学的思考、教義的なものを伝えることといった、人の精神や心に影響を与える働きをする世代でもあるので、〝ドグマ的な言葉〟を残したり、ずっと読まれ続ける名作や教科書に載るような作品を生み出したりすることもあるでしょう。旅先での出会いやライフイベント等がそういった〝名作〟を生み出すトリガーになる暗示もありますから、詰まりを感じた時や運命を好転させたい時には積極的に旅をするなど、外の世界に飛び出してみるのがよさそうです。そうすると、人生が一変！

急にスターダムに押し上げられたり、新しい仲間ができて新領域へと歩を進めるなど、本来の才覚が世に出ていくような展開が射手座キロンを待ち受けていることと思います。

風の時代仕様となるために超えていくテーマ

壁を越えることを恐れない

射手座キロンはその〝自由人〟なところが最大の強みでもあり弱点にもなり得る世代だと言えます。

射手座はその名の通りアーチャーがシンボルであることから的を狙って一直線に進んでいく性質を持ちますが、その形質は時として斜めに放たれた矢のように、「壁を越えていく・越境していく」ような出来事によって表出することがあります。

それが〝よいこと〟なら表彰されるなど称賛の的となることもあるでしょうが、そうではない場合にはなんらかの罰やお咎めを受けるなんていうことも。

射手座キロンの人たちは特に幼少期・児童期において、なにかの一線を越えてしまい、それが原因でひどく叱られたことがトラウマとなっていたり、自らの欲求の発露に対する強い抑制要因となっていたりもして、〝壁を越えていく〟ことに非常に激しい抵抗感を持つ人も多いはず。

ただ、その壁を越える力は、新しい地平を切り開くために授かった射手座キロン持ち独自の才能であるので、むしろ積極的に使っていくべきものだといえます。例えるなら、それは余りにもスタートダッシュが効きすぎるロケットエンジンのようなもの。そのじゃじゃ馬エンジンは操作やスロットルの開放の仕方を覚えるまでは確かに扱いづらいですが、いったんコツを覚えてしまえば他の追随を許さないスペックを発揮し、結果、圧倒的な高みに昇ったり、新天地へとジャンプしたりすることも叶うのです。

このようにダッシュ&ストップを繰り返し、どんどん先へと進んでいく賢人が射手座キロンの人たちですから、当然、先生と言われるポジションにつきがちです。でもその定位置にあぐらをかかず、人生という冒険で得た新しい発見・叡智を発信・拡散。常に前を向き、飽くなき前進を続けることが、最も貢献度の高い人生を送る秘訣ではないでしょうか。

克服すべき「傷」

- 越権と捉えられるようなアクションが既得権保持者から疎まれやすい
- 自由人的な動きや活躍が周囲から妬まれがち
- オールラウンダーな賢さを持つが、それが逆に〝完璧な人〟像を形成することとなり、自分の弱さを出しにくくなる
- 新記録・開発・発明等への過度の期待と圧力にさらされやすい
- 探究・研究に没頭しすぎて、横の繋がりや基本的な日々の生活が疎かになってしまう
- ここではないどこかに行きたくなったり、移動衝動に駆られたりする

傷の先にある「超才能」

- **新発明・新発見・新規開拓をして知の地平を広げることができる**
- **文学、精神性、哲学的思考、教義的なものを愛し深めていくことができる**
- **人の精神や心に影響を与える〝ドグマ的な言葉〟を残したり、読まれ続ける名作や教科書に載るような作品を生み出したりできる**
- **未来の冒険者に対し、探究や探検の楽しさ、面白さを伝え、〝可能性を広げる〟一助となれる**

キロンが射手座を巡る時に この世界に起こること

DATE

1948年11月29日〜1951年2月8日

1999年9月22日〜2001年12月11日

2049年11月10日〜2052年1月17日

射手座の部屋にキロンが滞在する時には、射手座が表す「旅・外交・乗り物・法律や条約・学問」等が激しく揺り動かされたりする何かが起きる暗示があります。

例えば、過去の射手座キロン時代には"外国"というキーワードで言うと、いくつかの国が独立したり和平協定を結んだり、国交が回復したり、国として国連等から認められたりということが起きています。

また、世界初のジェット機のテスト飛行が成功するなども過去のキロン・射手座期間に起きたことですので、次回のキロン・射手座期間にも、テクノロジーの進歩によって可能になった新たな乗り物や輸送・転移装置等がローンチ、または開発成功のリリースが流れたりするのではないでしょうか。それ以外では、文化的な違い等から国同士が分裂し、いくつかの国がまた独立を進めるといったことも起こるかもしれません。

いずれにしてもこの時期には社会的な「枠・常識・ルール」といったものが刷新されていくはずで、それに伴い私たちの常識や日常生活のルーティーンもアップデートしていくような時となるのではないでしょうか。

山羊座キロン

時代を作る〝超カリスマになれる人〟

1951年2月9日〜1955年1月27日
2001年12月12日〜2005年2月21日
生まれの人

山羊座キロンの特性

自分が輝く場所は、自分で作る

山羊座キロンの特徴はとてもわかりやすいものです。なぜなら山羊座の示すものはシステムでも個性でも真理でもなく、ある一つの社会であり、世界観だからです。

例えば、山羊座にキロンを持つ人の代表格にディズニーランドやディズニーアニメの創始者ウォルト・ディズニーがいて、ウルトラマンの円谷プロの円谷英二がいるといえばもうなんとなくその〝世界観〟がどういうものか、理解していただけるのではないでしょうか。

また、そういった壮大な世界観の創造に長けているのがこの山羊座キロンホルダーたちであるため、マスターピース的なものを残していく人が非常に多いというのがこの生まれの人たちの特徴なのです。

短い生涯ではありましたが創作に命を燃やした炎の画家ヴィンセント・ヴァン・ゴッホも、神童モーツァルトもこの山羊座キロンの生まれです。

私たちはこうして山羊座キロンの先輩方の残したものを今でも楽しみ、今でも利用し、今でも教本として使わせていただいてます。そういった事象を鑑みつつ考察を深めていくと、山羊座キロンの特徴とは〝古典〟として後世に残るようなものを作ることができるところにあるとは言えないでしょうか。

〝エポックメイキング〟という言葉があります。

円谷プロのウルトラマンにしてもセーツァルトのオペラにしてもディズニーのアニメにしても、それぞれ、特撮シリーズ、音楽史、アニメーションの世界において後発のもののスタイル・様式を大きく変えた〝時代の転換点〟となったものであり、まさにエポックメイキング＝一時代を作った作品群といっても過言ではないでしょう。

そして、その制作者・創始者たちはこぞって山羊座キロン持ちだというシンクロは、おそらくこれを読んでいる山羊座キロンホルダーの方たちにも大きな勇気を与えるのではないでしょうか。

山羊座にキロンを持つ人が抱える傷とは、きっと既存の社会に対する反抗心とか、自分がフィットする場所をなかなか見つけられないことではないかと思うのです。

どこに行っても、何をしても、自分が輝ける場所はここではないのでは？　と感じたり、職業選択の段階から〝ぱっとするもの〟を見つけられなかったり。そういうことが続くと自分が社会生活不適合者なのでは？　とか自分には能力がないのでは？　と思うかもしれません。

ただ、キロンは超才能を示す星なので、山羊座キロンが持つのは〝超・社会〟の才能、つまり社会自体を創造するエポックメイキングな才能。「既存の社会の中にフィットするものがない」のはむしろ当たり前のことなのです。

例えば、自分がアースフレンドリーな最新型の車、水素カーだとして、もし2000年に誕生していたら、きっと水素スタンドがまったく見つからないことから、ポンコツなのだとか役に立たないのだと勘違いしてしまったりするかもしれません。でもそれはあまりに最新鋭ゆえに、補給設備が整っていないため、遅れているとか才能がないと感じられるだけの話であり、時代が追いついてくれば、きっとそんな「フィットする場所がない」という不安もなくなっていくはずです。

また、時代自体を変えていく大きな力を持つのが山羊座キロン世代の特徴なので、その力を正しく行使するための社会勉強や下積みの期間が他よりも長く設定されているのもある意味、当然のこと。

むしろどこにも居場所が見つからないことが、オンリーワンの設定を持つ作品や自分の全てを入魂することができる場所、組織を作る原動力となるはずです。また、「ないのであれば自分で作るしかない」という思いを掻き立てる理由にもなると思うのです。

そういった社会に対する慢性的な不満こそを自分を新しい社会の創造へと推し進めるガソリンにして、道なき道を突き進む！　ための原点とも言えるもの。

そしてそういった道なき道を通り山を駆け上がっていくようなハードなキャリアパスこそが、この山羊座キロンの人たちの生きざまなのかもしれません。

そうすると、当然ですが、組織の上司や各種制度との摩擦も頻発するようになりますが、それもある意味この生まれの宿命ともいえるもの。そういった圧力に負けないよう、絶対に屈せぬ忍耐力を持って突き抜けていってください。

そうしてたゆまぬ努力を続けていくと、きっと前述の山羊座のキロンのエースたちのように偉業を達成したり、後世に残る名作を生み出したり、歴史に名が残る英傑・英雄となったりして、後世の人たちから崇められる存在へと昇華していけるはずです。

風の時代仕様となるために超えていくテーマ

努力と忍耐と継続力で、社会のリーダーに

山羊座キロンの世代はその本物感ゆえに幼少期から「しっかり者・威厳がある」などと見られがちで、また「努力は裏切らない」を地でいく、努力を愛する人でもあります。

努力と根性というと少年漫画の主人公のようですが、実際にこの山羊座キロンの生まれは圧倒的な継続力を持ち、若い時には芽が出なくても大器晩成の典型のような形で、中後半に他の追随を許さない山の頂に達する可能性を秘めています。

また、山羊座＝社会における力・権力のサインでもあるため、その力を若い時分から手に入れるということもありますが、それこそがある意味、山羊座キロンの試練。力を持ちたくなくても力を持ってしまうと、その振るい方・行使の仕方にその人の品性・教養・能力がすべて出てしまいます。

時に失敗を重ねながらも社会における権力・力の使い方を学んでいくと、ある程度人生が進んだのちに、今度は後進に〝力ある者の責務〟とか〝理想的な上司の姿〟を示すことができるはず。

また、山羊座キロンホルダーは社会構造の中の膿や淀みを掻き出して、新社会を創造する役を担います。清く正しく過ごしていくことでそのお役目を全うし、新しい社会のカリスマ、ニューリーダーとして多くの人の憧れとなったりもするでしょう。

そうして徹底的に力を鍛え、社会で不動の地位を築いて輝き続けることが、多くの埋もれた天才や非凡な人たちに間接的に〝道の開き方〟を伝えていくこととなるのではないでしょうか。

克服すべき「傷」

- 強権を乱用したくなる欲求に駆られる
- 力を手に入れなければという強迫観念に縛られる
- 社会に出て働くことで一人前という強い意識を持ってしまう
- 今までの社会システムには相容れないけれど合わせるしかない、という考えに囚われる
- 結果こそ全て！というマインドを持ちがち
- 力に抑えつけられたり、既存の社会の圧力に負けそうになる

傷の先にある「超才能」

- **新しい社会のカリスマ、ニューリーダーになれる**
- **これから社会で活躍する人を見抜く目を持ち、引き上げることができる**
- **既存の権力を否定・刷新し、新しい世界を創造することができる**
- **独自の世界観を創造し、その結果、著名な存在になっていく**

キロンが山羊座を巡る時に起こること

DATE

1951年2月9日〜1955年1月27日

2001年12月12日〜2005年2月21日

2052年1月18日〜2056年1月5日

山羊座をキロンが通過する時は、社会の構造を変えていくものの誕生、独立・建国・共同体の設立といったものが起きやすくなります。例えば、過去の例で言うと、GHQの廃止と日米安全保障条約の調印・発効は1951〜1955年のキロン・山羊座期間の出来事ですし、また2001〜2005年のキロン・山羊座期間にはfacebookやmixiの運用が開始されています。こういったことからも、次の2052年からのキロン・山羊座期間には、これからの時代の盟主となるサービス・制度・アイテムが世に出てくることが予見されます。

また、この時期は上記のように社会の新陳代謝・新旧の入れ替えが促されるので、生産終了や対応が終わっていくものも大量に発生する流れも起こり得るでしょう。ちなみに前回の2001年〜の時には65年間生産され続けた名車フォルクスワーゲン1型のビートルや、VHSと派閥争いとなったVTR規格のベータマックスが生産終了しています。

この時代には〝社会で活躍すること・社会活動の基盤〟が変わっていくこととなるので、新しいプラットフォームや新ビジネスといったものが続々と誕生し、その中で〝大当たり〟を引き当てた企業や個人がきっとこれ以降の世の中を牽引する存在へと成長を遂げていくはずです。

水瓶座キロン

天才的な〝超オルタナティブ思考の人〟

1955年1月28日〜1960年3月26日

2005年2月22日〜2010年4月20日

生まれの人

水瓶座キロンの特性

いつかは社会で脚光を浴びる〝革命戦士〟

占星術のセオリーで言うなら、水瓶座はもっとも天才を輩出すると言われているサインです。

天才とは日常でもよく使われる言葉ではありますが、その天才や天才性というものは、どちらかというと新しいことを発見した時というよりは、改変・改善・改革をした時、業界の壁のようなものを越えた時に用いられることが多いように思われます。

そういう意味で天才を捉えるなら、水瓶座とはまさに改変・改革の申し子、天才性に富んだ新時代の何かを生み出していくエースと言える人たちです。

ちなみにそれは、守護星・天王星のあり方に起因しています。天体に詳しい方はご存じかと思いますが、天王星は傾斜角の強い地軸を持つ天体で、ほぼ水平と言えるほどに傾いたまま太陽の周りを公転しているのですが、この〝ズレ〟こそが水瓶座の視点のユニークさの根源。他の天体とは大いに異なる様相そのものが水瓶座のオリジナリティに直結し、そしてそれが天才的なズレた視点を生むことに繋がっているのです。

また、水瓶座は不動宮といって、どっしりと構え、あまり陣地から離れないエネルギーを持つサインでもあります。そのため、個人のホロスコープ上でこの水瓶座に太陽などの天体を多く持つ人は、一つのことをコツコツやり続ける才能を持っています。

そして長年の研究で得た結論やアイデアを周りに披露するや否や、一気に世間からの注目を集め、企業のブレーンやコンサルタントとして活躍することとなるなど、周りがその力と独自の視点から語られる発想を放ってはおかないはずです。

実際にこの生まれの人たちは後世の人々の生活を変えてしまうような面白アイデアを持っていたり、そういった責務を星から授かっていたりもするので、業界の異端児として注目される人たちの中にはきっと、この水瓶座キロンの生まれも多くいたりするのかもしれません。

水瓶座キロンの使命。

それは特権階級とか特別な人、ハイヒエラルキーに属していたものを広く世に拡散、権威的なものを打ち砕き、フラット化させるというものです。これはもともと水瓶座の波長が〝上下からの解脱〟〝横意識の拡大〟に関わることに起因していて、実際、水瓶座キロンの生まれには誰とでも仲良くなれる人が多く、また、そのうち幾人かは人を導く圧倒的な素質・人の懐に入る才覚を持っていたりします。そして、発想が豊かで天才と一目でわかる空気感を持つことから、組織のトップや上級役員に気に入られるなど、〝釣りバカ日誌のハマちゃん〟的な、不思議なネットワークを築くことができる人でもあります。

ちなみにこの水瓶座キロン生まれには秋元康、ソニー創業者・井深大、エイブラハム・リンカーン、小室哲哉等がいるといえばその天才性とプロデュース・発掘能力の高さが瞬時におわかりいただけるのではないでしょうか。

水瓶座キロンの生まれは天才たちとの関わりが深いサインで、特にある程度のキャリアを積むまでは諸先輩方に可愛がられたり、大御所と言える人たちと付き合いが深かったりもするでしょう。そして、

水瓶座キロン

それら天才と触れ合った経験は自身が中高年になり指導・発掘・管理・統率する立場になったときに生かされてくるはずです。

実際、この世代の人たちは周囲の人たちの中にある天才性を見つけプロデュースしたり、既存のAとBを組み合わせアレンジやミックスし、世に大きく広がっていくものに仕立てることにとても長けています。とはいえ、アイデアに対してこだわりがあるので長いものには巻かれないですし、そのため上とか社会（の常識）とぶつかることも決して少なくはないでしょう。そのため、若い時分から〝革命戦士〟として過ごしていくこととなるのですが、最初は日の目を見なくても、後年、その革命的な資質が社会から脚光を浴びることとなります。

また、環境にいいとか、庶民的とか、みんなで使えるといったユニバーサル性を持たせることがこのキロン開花には重要で、そういった〝処方〟ができれば、水瓶座キロンホルダーがプロデュース・アレンジをするサービスやプロダクトは瞬く間に「国民的○○」といったものへと昇華していくはずです。

水瓶座とは天才的な能力を示すサインでもありますが、それは裏を返せば才能に大きく偏りがあるということでもあります。そのためこの生まれの人たちがそつなく人生を歩もうとするならば、自分が苦手とすることやできない分野のことはスペシャリストにお任せして、最初からアウトソースすることがとても重要です。

水瓶座はしばしばとても神経質な面を見せるので、その鋭敏な神経をケアするためにも「できないことは最初から誰かに任せてしまう」などと決めてしまえば、ポンコツなところを披露せずに済み、心身が安定するはずです。

例えば、掃除、片付け、経理、メールの返信といった秘書的業務等は特に〝要支援項目〟のはずですから、できるだけ、才能を生かせるような環境作りをしてみると、自分のマインドをモヤモヤさせるストレッサーから解放されるのではないでしょうか。

風の時代仕様となるために超えていくテーマ

自信のなさは、人との出会いで克服できる

水瓶座キロンの世代はその天才性とエッジの利いた個性ゆえに、周囲と馴染めないとかうまく周りに溶け込めないといったことが起こりがち。

特にキロンの傷は、〝前衛的な発言が周りから理解されないこと〟によって起こります。周囲から、時には身内からすら理解されない孤独。発信・発言すればするほどに周りとの距離を感じ、自尊心が傷ついたり自信を喪失したり。そんな体験が繰り返されることによって、その傷はさらに深くなっていったりもするはずです。

ただ、人生の途中で、恩師のような人や味方となってくれる絶対的な理解者に出会うことで、そういった傷や自尊心の欠落はすべて解除され、またその天才性は外に放たれていくことになります。

己が目指す研究のため、趣味のため、でもそれもきっとひいては世のため人のためとなるのですが、天才は理解者の助けを得て、もともと備わっている瑞々しい感性とシャープな知性を使っていくことができるようになるのです。

そのステージに行くためにはとにかく理解してくれそうな人に出会うことが重要で、とりわけ異業種・異分野の人たちとも積極的に触れ合っていくことが自身の成長とキロンの克服には欠かせない〝通過儀礼〟となっています。

色々な人と出会う中であなたの特異性を評価してくれる人が現れたらもう傷は克服できたも同然。

あとは自ら掛けてしまっているリミッターを外し、天性の頭脳をフル回転させ、思う存分、頭が、そして心が望むものを表現していきましょう！

克服すべき「傷」

- 空気を読まないと言われ、異端児として扱われがち
- 新しいアイデアや改善策を打ち出すことに長けているので、〝保守派〟からは遠ざけられやすい
- 長いものに巻かれないので、仲間外れになったり派閥に入れなかったりする
- 陰モードに入ると破滅的・ディストピア的な思考に陥りがち
- 人と違った生き方や仕事でなければならないという〝オリジナリティ〟にこだわりすぎる

傷の先にある「超才能」

- **天才的な閃きで新世界を創造。世の中に新しい道を作ることができる**
- **個性的なもの・オリジナリティがあるものを見つけ、その個性を伝えていくことができる**
- **アウトローな生き方のお手本となり、多くの〝アウトロー予備軍〟のベンチマークとなれる**
- **立場・キャリア・肩書等に関係なくフラットな立ち位置で人と接することができる**
- **博愛精神に溢れているので、慈善事業・財団法人・社団法人等で活躍することができる**
- **閉塞したものに風穴を開け、新鮮な風を送り込み、腐敗を正すことができる**

キロンが水瓶座を巡る時に この世界に起こること

DATE

1955年1月28日〜1960年3月26日

2005年2月22日〜2010年4月20日

2056年1月6日〜2061年2月28日

水瓶座の暗示するものが「博愛・フラット化・革命」というところから、水瓶座にキロンが鎮座する時には私たちが生きている時代の頂点とも言える業界・分野・領域の何かが揺らいだり、既成のエリート主義が瓦解したり、次のものへのシフトチェンジが発生する暗示があります。

組織も経済も政治も機能しなくなったシステム・概念等々にいつまでも縛られていたのでは、進化・発展の波に取り残されてしまいます。

そのため、ときおり強烈な風を吹かせ、凝り固まった世界の常識・価値観といったものを吹き飛ばしていく必要があるのですが、その具体的なアクション・施策が矢継ぎ早に起こるのがこのキロン・水瓶座期間でしょう。水瓶座とは風のエレメントの最後のサイン。凝り固まり、閉塞をきたしているものに風穴を開けて浄化のフレッシュエアーをどんどん届けるため、各地でリフレッシュ劇が展開されていくはずです。

また、水瓶座はインターネットと縁が深いので、新しいプラットフォームやデバイスの革新が起きたり、ネット世界の取り締まりが強化されたりするかもしれません。

魚座キロン

パラレルな世界を生きる〝超癒しと許しの人〟

1960年3月27日〜1968年3月31日
2010年4月21日〜2019年2月18日
生まれの人

魚座キロンの特性

自己犠牲と許しのバイブス

魚座キロンホルダーとは3・5次元の世界とも言える、パラレルワールドを生きる人たちでもあります。

絶対に成功しないと言われている業界でなぜか一人勝ちをしているような人、どう考えても〝表方〟ではない、裏方やちょっと不思議なファンタジックな領域、グレーな領域で圧倒的なカリスマになったりする……それがもっともアーティスティックなサインであると言われている魚座の力です。

では魚座キロンとは一体どんな作用を持つのか、と言いますと、そのパラレルワールドに傷を入れて、新しいパラレルを作ることができる人たちだと言えばなんとなく輪郭が摑みやすいでしょうか。

例えば、過去の魚座キロンホルダーにはプロテスタントの派生のきっかけとなった宗教改革の中心であったマルティン・ルター、ウィーン分離派の中でももっとも独創的なスタイルを築き、分離派の代表的なアーティストとも言えるグスタフ・クリムト、『ハリー・ポッター』シリーズで新しい魔法使いの世界観を広めたJ・K・ローリング、また、空を飛ぶという新概念を人類にもたらし、それを可能にしたライト兄弟といった面々がいますが、それぞれ、まさに〝パラレル〟な世界観を構築した人たちであることがおわかりいただけるのではないでしょうか。

占星術のセオリーによると魚座が表すのは「カオス」だと言われることがあります。

全てを内包するカオスは、よいように使えば、人の世界に無限の彩りをもたらすこともできますが、使い方を誤ると人の世界に論争を起こしたり、何か大きなリセット劇のトリガーとなることもあるでしょう。

アートで考えるとよくわかりますが、美術館に行ってファインアートと呼ばれる作品を鑑賞すると時折、「美術館以外でこれが存在したなら間違いなく犯罪、通報ものだろうな」というものに出くわすことがあります。

人の美意識、価値観、常識といったものを揺り動かすもの。それがアートの価値であり存在理由であると思うのですが、魚座キロンの人にアーティストが多いのはまさにその内に秘めた混沌を芸術の場所に限定して発散することによって、カオスを適切な形で昇華させている人が多いからというのがその理由なのかもしれません。

魚座にキロンを持つ人は〝天性の癒し人〟でもあります。魚座は海王星を守護星に持つサインで、その暗示は「自己犠牲・融合・癒し・幻想」といったもの。そしてキロンも〝癒し〟の意味を持つものなので、互いに癒しの要素を持つ天体同士のミックスとなり、さらに癒し、調和、浄化のパワーが高まります。

魚座キロンは天性の癒し人であると称されるにふさわしい人々なのですが、ここで忘れてはならないのはキロンは乗り越えていく、癒していく傷であるということです。

魚座の基本エネルギーである自己犠牲・癒しのバイブスを持ち、それを使いたいのだけれど、使いたくない気もする。癒しや感性・感覚の世界に興味があるのだけれど、なんだか深くハマってはいけない気がするなど、魚座の管轄する領域に対してなんらかの躊躇があったりもするかもしれません。

とはいえ前述のようにキロンは〝克服の座標〟ですから、本来であればあなたが背負わなくてもいい、無理に関与しなくてもいいものをいつの間にか背負うことになったり、潜在的な慈愛の心が発揮され、気づけば滅私奉公的な生き方となったり。あなたの人生自体が、魚座的な人助けオンリーといった色に染まる！　ということもあり得るでしょう。

そして、自分がそういった負荷の高い案件から自由になろうとするとそこにはなんらかの障壁が立ちはだかったりもして、「いったい天はどうして私にばかりこんな厄介ごとを回してくるのか」……魚座にキロンを持つ方であれば、そんなことが脳裏をよぎった経験はきっと一度や二度ではないはずです。

そんな癒しのガーディアンとも言える魚座キロンの持ち主たちですが、自分を癒したり自分の羽を広げたりということは実は苦手なはず。会ったら癒される、いつも助かる、困った時には○○さんだね！……などと周りの人々にとって大いにお助け役になっている自分。もちろんそう言ってもらえるのは嬉しいし、役に立てている実感、喜びもある。ただ、本当に自分がやりたいこと、自分が興味があることは果たしてできているでしょうか。

いくら癒しの達人と言えども、そこは一人の人間。やはり、やりたいことの一つや二つはあるはず。そういった自分らしいチャレンジをするためには、そのための時間やエネルギーを確保しなくてはなりません。そんな時、多くの場合立ちはだかるのは「人にＮＯを言うこと」であり、自分の時間を確保するのを許すことではないかと思います。

とはいえ、魚座にキロンを持っているぐらいですから、きっとその新たにやりたいことというのも結局は何らかの癒し・浄化に繋がるもの、もしくは芸術や新しい分野のパラレルな世界なのではないでしょうか？

魚座キロンホルダーは人からの頼まれごとを自分

の存在理由の根幹にせず、きちんと自分の流儀で自分の意思で自立することがとても重要です。そしてそれこそがキロンの克服に繋がる道なのです。そのため、ときには他者軸をシャットアウトして、自分の本心の声を聞き、楽に生きてみるのも〝解脱〟のための一手となるのではないかと思うのです。

風の時代仕様になるために超えていくテーマ

全てを受容することが優しさではないと気づく

魚座キロンの世代はその癒し系の波長ゆえに面倒ごとを任されるとか、滅私奉公せざるを得ないような何かに巻き込まれていくことが多いかもしれません。

特に魚座キロンの傷は「なんとかしてあげたいのだけれど自分のこともやりたい。でも『自分のことをやりたいからごめんね』と言うのはわがままだと思われないだろうか」といった考えが心の内を巡ることでさらに深くなったり、ヒリヒリと刺激されたりするような気がします。

魚座キロンホルダーは〝なんでも受け止めてしまう自分〟が周りに逆に迷惑をかけたり、誰かを増長させたりしていることに気づいた時に人生が一変します。自分が思っていた優しさや愛はもしかすると宇宙的なものではなく、極めて個人的な愛であったことを知ると、そこからは順次、色々な判断、選択において自分らしくあることを優先し、なんでもかんでも〝受容する〟ことが真の優しさではないことを覚え、きちんとNOを言える人となるはずです。

このようにして〝目先の愛・慈しみを循環させるスパイラル〟を卒業すると、魚座キロンは宇宙的な真理を悟る道へと、また、真の優しさを体現する道へと人生の歩を進めていくこととなるのでしょう。

克服すべき「傷」

- 頼られる自分でなくなったら自分には何が残るのだろうかという不安を覚えがち
- 周囲から相談を持ちかけられやすいが自分の相談ごとはしづらく、どこにも吐き出せないことが多い
- お願いごとをされる時には丁寧に接してもらえるが、それ以外の時はなぜか雑な対応をされる
- カオスな状況に巻き込まれやすい
- 誰かを助けることで道を切り開いていけるが、プライベートがどこかに行ってしまいがち
- 目に見えないもの・スピリチュアルな存在・力に憧れや興味があるが、そちらに進むことにブレーキがかかっている

傷の先にある「超才能」

- **霊主体従で生きることの大切さを説く精神世界・スピリチュアルリーダーとなれる**
- **〝宇宙の使徒〟として開眼し、この世の真理を説いていける**
- **この世における清濁の全てを受け止める器があるので、それらを受け止めて〝浄化・禊ぎ〟を行うことができる**
- **結婚・仕事・契約などどこの世の法則に縛られない、浮世離れした生活をすることができる**
- **全く新しい〝癒しのメソッド〟の創始者となることで、この世に新しい癒しや治癒方法をもたらすことができる**

キロンが魚座を巡る時に
この世界で起こること

DATE

1960年3月27日〜1968年3月31日

2010年4月21日〜2019年2月18日

2061年3月1日〜2069年3月4日

キロンが魚座にいる間、直近の例で言うと2010〜2019年がそれにあたるのですが、この期間はちょうどスピリチュアルヒーリング・各種カード（オラクル・タロット・ルノルマン等）が流行り、多くの人がそれらの方向に目を向け始めたタイミングでもありました。

次にキロンが魚座にやってくるのは2061〜2069年でありまだまだ先のことですが、この時に人類は次世代のスピリチュアルヒーリングの技術を手にするように思います。

スピリチュアルヒーリングの類は周期性を持って〝流行ったり廃れたり〟を繰り返しますが、この時期には新たな潮流が生まれ、風の時代にぴったりのニューエイジ的ヒーリングメソッド、第六感以降を目覚めさせる方法、現代医学以外の代替医療等が大いに世を沸かせる可能性があります。

また、この魚座キロンの期間には今まで表に出てこなかった身体の傷が現れるという暗示もありますから、不摂生やほったらかしにしていた何かがある人はこの時期に〝癒してあげるべきもの〟が、身体症状として浮上してくる可能性が高いでしょう。

世界中から集まったトップアスリートたちが熱戦を繰り広げ、感動を誘うドラマが連日のように巻き起こっている。そう、今は東京オリンピックの真っ最中。私自身もコロナ禍で開催された五輪をＴＶ観戦しながら、この本の原稿に向き合っていたのですが、今回の五輪は今までのものとは幾分違う様相を感じ、「なんだか風っぽい」などと思っていたのです。

走り高跳びにおいてカタールとイタリアの選手が金メダルを共有することを決めたこと、絶対王者とされる人たちが１回戦等、序盤で負けてしまったこと、各競技でいつも以上にフェアネス・スポーツマンシップの遵守が謳われ、遵守されなかった場合にはＳＮＳ等で非難されていたこと、また、人種がミックスの人たちも各国から多く出場していたことなど、挙げていくとキリがないのですが、なんとなく全体に流れていた空気感から、今回の大会に〝風〟を感じたのかもしれません。

また、オリンピック以外でも最近ではアンケート等でも年齢や性別といった欄に「答えたくない」とか「どれも該当しない」といった答えが用意されていたり、ジェンダーについてノンバイナリーなどの自分のステータスを公表する著名人が現れるなどしていることからも、この世界は急速に風の時代の特徴の一つでもある、〝多様性を認める社会〟へと変化していっているのだということに気づきます。

このように今、世界には多様性を受容することを押し進める風が吹いていること。その現象の裏にあるものとは一体何なのか？

それをＴＶ画面に映るアスリートをぼんやり眺めながら考えていたのですが、ある瞬間にぱっと脳裏に浮かんだのは、性別とか国別に代表されるような前時代的な分け方を風化させるように、宇宙が私たちに働きかけているのでは？　ということでした。

今までの時代には、国籍、血筋、資財など色々なものが私たちを分断させ、そういった属性に伴うしがらみや出自が私たちの行動を縛ったりしたこともあったかもしれません。

ただ、これからは〝壁に風穴を開けていく〟風の時代。風通しのよい世界にするためにも宇宙の意思は私たち自身を分かつものを徐々に薄れさせ、最終的には○○国人ではなく、地球人として、私たち自身を認識させたいのだろうとも感じています。

これを執筆している２０２１年現在はコロナ禍であり、自由に海外旅行ができるような状態では決してありません。ただ、時計の針がもう少し進み、人々が国境を越えて移動する自由を取り戻していくと、今までの鬱憤を晴らすかのように多くの人たちが世界を旅することとなるのではないでしょうか。

また、奇しくもコロナ禍によってリモートワーク環境が整備されたことにより〝通勤の縛り〟から解放された人も相当数いらっしゃるはずですので、コロナによる国外移動の制限が外れた頃には海外移住とか海外と日本の二拠点生活を送る人も増え、人々の生活が今よりもっとボーダーレスに。その結果、前述のように、〝地球民〟的な意識ももっと人々の間に浸透していくこととなるはずです。

そして、水の時代は〝融合〟の時代だとお伝えしましたが、そういったボーダーレスな生活が数世代にわたって続き、世界中で色々な人種・職種の人が、例えるなら今のニューヨークのように混在していくと、その時になって初めて民族意識の融合が私たちの中に自然発生的に起こっていくのではないでしょうか。

このように、今この地球は私たちを〝アースピープル〟にしていくよう水面下で働きかけているように思うのですが、きっと私たち自身もそれをどこかでキャッチしているはず。そのため、色々なところで多様性の重要性が語られており、また、不当な分けられ方をされる／すること等に対するアレルギー的な反応が起こることも、〝アースピープル促進活動〟の一環のように捉えるとなんだか諸現象に対する理解も深まろうというものです。

このように〝多様性〟というキーワードはもはやこれからを生きる人々には避けては通

れないパワーワードであり概念となっているようにも思いますが、星の年表を見る限りでは、水瓶座要素が強く出てくる2044年頃まではどうやらこの概念はその〝座〟を譲ることはなく、広く衆生(しゅじょう)のマインドセットを刷新していくこととなりそうです。

そのため、この時期には私たちは多様性やそれぞれの個性を尊重することの大切さを学び、また、同じく水瓶座のエネルギーでもある〝フラット〟なところも強化され、結果、横の繋がりが拡充されたりすることとなるのでしょう。

話は少々変わりますが、前著『「風の時代」に自分を最適化する方法』が出てから約1年。あれから至る所で〝風の時代〟という言葉自体を見聞きするようになりました。

今では風の時代に関する書籍も多く世に出ていますし、また、SNS上でも星読み・占い師をしていなさそうな人、なんなら芸能関係とかメジャーな舞台に立っている人たちまでもが〝風の時代〟というようなハッシュタグをつけた投稿をしていたり、それに類するコメントをしているのを見るたびに、星の世界観が外に飛び出して行っているなぁと、そしてそれこそが風の時代っぽいなぁと感じたりしていたのです。

ただ、あまりにもその勢いが強かったのか、しばらくすると〝風の時代疲れ〟なるものや〝風の時代ハラスメント〟ともいえるようなものが散見されるようにもなりました。

その内容は「風の時代と言われるけれど何をどう変えればいいのかわからない」とか「土の時代仕様の私たちはどうしたらいいの？」とか「風の時代は自由な時代と言われるけれど、皆が自由に、なんなら好きなことだけしていていいなんておかしい」といったもの。

風の時代の性質、キーワード、そしてそれらの解説に諸説あったり、また各術師の先生方の解釈がバラエティに富んでいるのでそういうことが起きたのかもと思うのですが、次のようにシンプルに考えるとわかりやすく、風の時代のアウトラインをしっかり捉えていただけるのではと思います。

まず、風の時代とは双子座、天秤座、水瓶座のバイブスが強くなる時代のこと。

そして、その三つのサインはそれぞれ、双子座はI think（考える）、天秤座はI balance（調和する）、水瓶座はI know（知る）、というキーフレーズを持っているので、極論を言うならば、風の時代に大切にしたい基礎的なマインドセットとは、この三つであるとすら言えるでしょう。

ちなみに今まで私たちがいた土の時代のサインのキーフレーズは牡牛座はI have、乙女座はI analyze、山羊座はI useで、〝多くを所有することがよい〟〝研究等で新発見をする〟〝ユーザビリティを高める〟ことが今までの200年強の間、実際に社会における価値基準であったことからも、星と社会の連動率の高さがわかろうというものです。

最後に、風の時代の総論ですが、〝基本的〟には風の時代をこう生きればいいという雛形はあるようで実はありません。そもそも実体をもたないのが風。そこには土の時代の代表選手ともいえる雛形はありようもなく、また、気まぐれにその様や、居場所を変えていくのが風の性質でもあるからです。

そうして、今までのセオリーや生き方の雛形から脱却しながら、誰に押し付けられたのでもない自分だけの人生を歩み、自分が自分の世界の主人公となっていく。

これが真なる風の時代の歩み方であるように思いますし、また、これこそこの本を通して読者の皆さんに伝えたかったことの真意と言えるものに他なりません。

そして、この本が皆さんにとっての「風の時代の歩き方」的なガイドになったなら、〝考える〟ことが大事という風の時代を歩むための、思考を巡らせるための種、苗床のようなものになったのなら、著者として、また、星の見地から時代を読み解く一星読み師として望外の喜びであります。

――水瓶座満月の夜に、東京にて

※本文は書き下ろしと、noteマガジン『風と星の道が交わるところ』に発表した原稿に加筆・修正したものとで構成されています。

yuji

星読み係、ヒーラー。香川県高松市生まれ。18歳でイタリアに渡り、現地大学院卒業。ミラノにてプロダクトデザイン事務所に勤務するも、ヒーラーとしての宿命に抗えず拠点を東京に移し、ヒーラーとして活動する決心をする。現在は各媒体での連載、講演など、幅広い分野で活躍中。毎日星読みを行い、星々からのメッセージをSNSにて発信している。著書に『「風の時代」に自分を最適化する方法 220年ぶりに変わる世界の星を読む』(講談社)、『星2.0』(光文社)、『yujiの星読み語り』『神さまと顧問契約を結ぶ方法』『神さま手帖』(すべてワニブックス)など。

[ブログ] https://ameblo.jp/uenopasiri/
[Twitter] @yujiscope

風(かぜ)の時代(じだい)の未来予測(みらいよそく)

2021年11月8日　第1刷発行

著　者　yuji(ゆーじ)

発行者　鈴木章一
発行所　株式会社 講談社
〒112-8001 東京都文京区音羽2-12-21
編集　☎03-5395-3814
販売　☎03-5395-3606
業務　☎03-5395-3615
印刷所　大日本印刷株式会社
製本所　株式会社国宝社
STAFF　装丁　井上新八
本文デザイン　羽鳥光穂
著者撮影　塚田亮平
マネジメント　山﨑真理子

ISBN 978-4-06-526086-9